DEUTSCH LEICHT GEMACHT

5.–9. KLASSE

DIKTATE

UND ERGÄNZUNGSÜBUNGEN

DEUTSCH LEICHT GEMACHT

5.–9. KLASSE

Kurt Schreiner

DIKTATE

UND ERGÄNZUNGSÜBUNGEN

Orbis Verlag

INHALT

EIN PAAR WORTE VORWEG

Vom Nutzen der Rechtschreibung

Hallo Freunde,

bevor es zur Sache geht, will ich mich zuerst einmal vorstellen: Ich heiße MacCool, bin – wie ihr seht – ein aufgewecktes Kerlchen und möchte euch durch dieses Buch begleiten. Überall, wo es schwierig wird, helfe ich mit Rat und Tat. Wenn wir gut miteinander auskommen, dann ist der Erfolg sicher. Ihr werdet künftig weniger Schwierigkeiten mit der Rechtschreibung haben und sicherer die richtigen Satzzeichen verwenden. Und das ist ja schon was …

Schreibregeln sind keine Schikane …

Rechtschreibung und Zeichensetzung? Ich höre euch stöhnen und murren, weil ihr vielleicht noch nicht wahrhaben wollt, warum das alles notwendig ist. Die Regeln – denkt ihr – sind von den Lehrern erfunden worden um andere Menschen zu schikanieren. Die Eltern haben auch nichts Besseres zu tun als zu nörgeln und zu ermahnen, wenns in der Schule nicht vorangeht und wenn die Noten ihren Erwartungen nicht entsprechen.

Zugegeben, ich habe ganz ähnlich gedacht und es mir einfach bequem gemacht. Als ich dann aber von allen, auch von meinen Klassenkameraden und Freunden, schief angesehen wurde, fiel bei mir der Groschen. „Was ist denn mit dir los?“, fragten sie verständnislos. „Bist du zu dumm um einfache Wörter fehlerfrei zu schreiben und das Komma an der richtigen Stelle zu setzen?“

… sondern ein notwendiges Hilfsmittel für die Verständigung.

Diesen Vorwurf wollte ich nicht auf mir sitzen lassen und so bemühte ich mich systematisch bei Diktat und Aufsatz besser zu werden. Längst weiß ich, dass verbindliche Regeln für alle unentbehrlich sind, dass auf diese Weise Missverständnisse vermieden werden. Hinzu kommt, dass ein geschriebener Text, ein Brief zum Beispiel, wie eine Visitenkarte wirkt. Der Leser spürt, ob sich der Schreiber Mühe gegeben hat. Was würdet ihr sagen, wenn ihr ein schlampig abgefasstes, mit Fehlern gespicktes Schreiben erhieltet?

Selbstverständlich kommt man später ohne sichere Rechtschreibkenntnisse nicht mehr aus. Bei vielen Anlässen muss man sich schriftlich äußern, klar und fehlerfrei formulieren. Sei es, dass man bei einer Versandfirma reklamiert, sich um eine neue Stelle bewirbt, als Handwerker ein Angebot zusammenstellt oder als Laborant einen Versuchsbericht abfasst. Unzählige andere Möglichkeiten sind denkbar. Wenn ihr einmal ernsthaft darüber nachdenkt, fallen euch viele davon ohne Mühe ein.

Schreiben begleitet dich durchs ganze Leben.

Ihr seht: Solide Rechtschreibkenntnisse sind auch Voraussetzung für beruflichen Aufstieg und für Zufriedenheit im Beruf. Wer etwas vorzuweisen hat, kommt – wie sollte es anders sein! – leichter voran.

So – nun wollen wir uns gemeinsam auf den Weg machen! Das, was zunächst als undurchdringlicher Dschungel erscheint, ist gar nicht so wild und verworren. Ich bin stets in der Nähe und helfe mit sinnvollen, nicht allzu vielen Faustformeln und gezielten Übungen. Mit etwas Fleiß und Mut, mit möglichst freiwilligem Einsatz kommen wir gemeinsam an unser Ziel.

Ich jedenfalls wünsche euch guten Erfolg.

MacCool

Wie du dieses Buch benutzen kannst

Die Regeln, Übungen und Diktate richten sich an alle, die ihre Rechtschreibung verbessern möchten, bevorzugt an Schüler und Schülerinnen der Klassen 5 bis 9. Der Umfang des Buches lässt es nicht zu, dass auch seltene Ausnahmen abgehandelt werden. Gegebenenfalls kannst du sie in einem Rechtschreibwörterbuch nachschlagen. Wenn du Erfolg haben willst, dann solltest du folgende Ratschläge ernst nehmen:

Einige nützliche Tipps und Hinweise

- Schau genau hin, wenn du etwas liest oder schreibst. Die Fhler versteken sich im Text. (Ist dir an dem vorausgehenden Satz etwas aufgefallen?)
- Arbeite die Erläuterungen und Übungen der einzelnen Kapitel systematisch bis zum Ende durch. Prüfe dann, ob du alles richtig gemacht hast.
- Manchmal reicht eine Übungszeit von 10 Minuten. Wenn du allein bist, solltest du nicht länger als eine halbe Stunde arbeiten.
- Du kannst das Buch von vorn bis hinten „durchackern". Oft ist es besser, dort zu üben, wo deine Schwächen liegen, z. B. bei der Groß- und Kleinschreibung oder bei der Getrennt- und Zusammenschreibung. Das alphabetisch geordnete Stichwortverzeichnis auf den Seiten 146 bis 149 und das Inhaltsverzeichnis helfen dir dich zurechtzufinden.
- Rücke deinen Rechtschreibfehlern energisch zu Leibe. Du prägst dir die richtige Schreibung besonders rasch ein, indem du sie mindestens dreifach notierst:

spazieren, spazieren, spazieren

Ein Fehlerheft leistet gute Dienste.

Auch die Einbettung in sinnvolle Sätze hilft:

Nach dem Mittagessen unternahmen wir einen *Spaziergang.*

Sammle in einem Fehlerheft verwandte Wörter, aber auch auffällig abweichende Formen:

fahren, der Fahrer, gefährlich, die Erfahrung, der Gefährte …
entleeren, entfernen, entwässern, enterben …

*Bausti**l** – Besenst**ie**l, nie**s**en – genie**ß**en, ma**l**en – ma**hl**en*

- Dein Gedächtnis braucht Zeit um Gelesenes und Gelerntes zu speichern.
  Lies dir die verbesserten Wörter nach einem, nach drei oder nach fünf Tagen noch einmal durch. Du steigerst den Erfolg, wenn du sie erneut aufschreibst.
  Misslungene Diktate solltest du unbedingt so lange wiederholen, bis sie nahezu fehlerfrei sind.

Wiederholung steigert den Erfolg deiner Arbeit.

Wie du dich in diesem Buch besonders leicht zurechtfinden kannst, zeigt die folgende Musterseite:

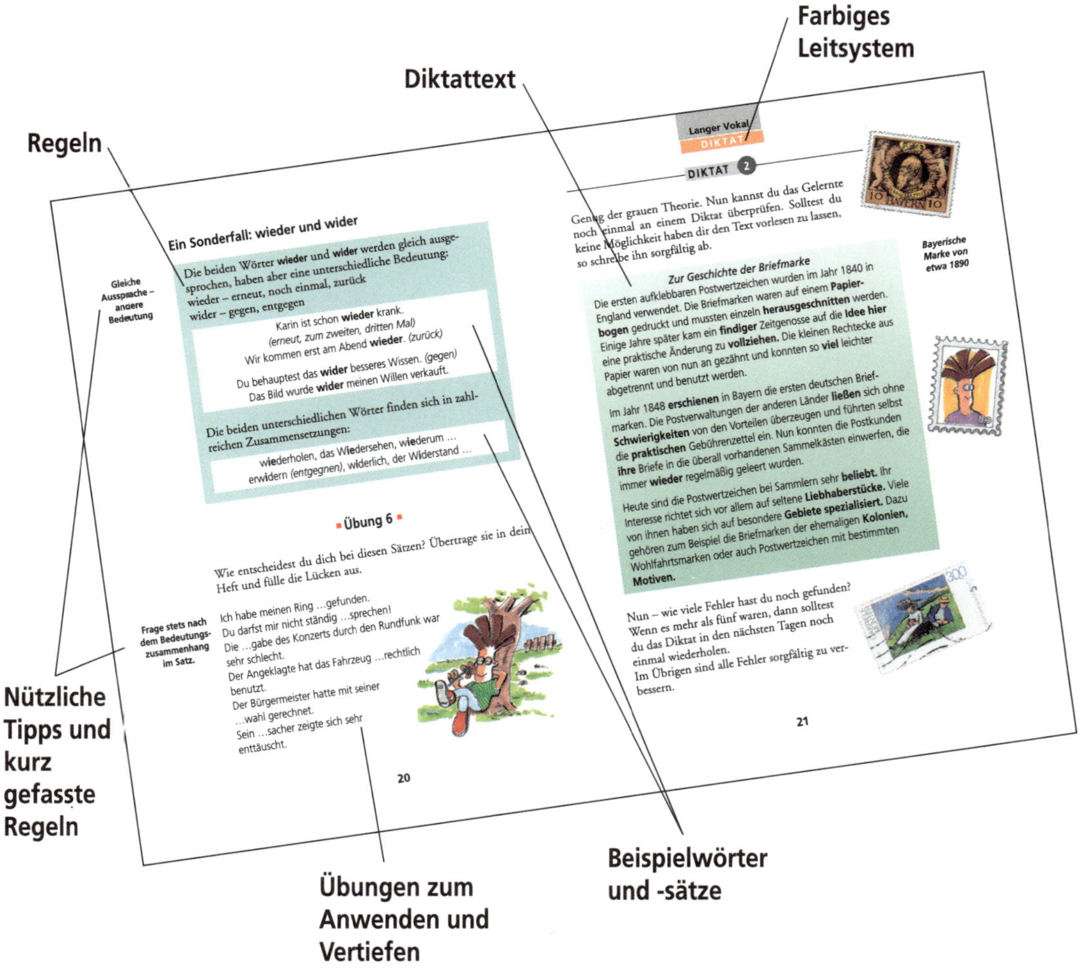

Ein Sonderfall: wieder und wider

Die beiden Wörter **wieder** und **wider** werden gleich ausgesprochen, haben aber eine unterschiedliche Bedeutung:
wieder – erneut, noch einmal, zurück
wider – gegen, entgegen

Gleiche Aussprache – andere Bedeutung

Karin ist schon **wieder** krank.
(erneut, zum zweiten, dritten Mal)
Wir kommen erst am Abend **wieder**. *(zurück)*

Du behauptest das **wider** besseres Wissen. *(gegen)*
Das Bild wurde **wider** meinen Willen verkauft.

Die beiden unterschiedlichen Wörter finden sich in zahlreichen Zusammensetzungen:

wiederholen, das **Wie**dersehen, **wie**derum …
erw**i**dern *(entgegnen)*, widerlich, der Widerstand …

Übung 6

Wie entscheidest du dich bei diesen Sätzen? Übertrage sie in dein Heft und fülle die Lücken aus.

Frage stets nach dem Bedeutungszusammenhang im Satz.

Ich habe meinen Ring …gefunden.
Du darfst mir nicht ständig …sprechen!
Die …gabe des Konzerts durch den Rundfunk war sehr schlecht.
Der Angeklagte hat das Fahrzeug …rechtlich benutzt.
Der Bürgermeister hatte mit seiner …wahl gerechnet.
Sein …sacher zeigte sich sehr enttäuscht.

20

Langer Vokal
DIKTAT

DIKTAT 2

Genug der grauen Theorie. Nun kannst du das Gelernte noch einmal an einem Diktat überprüfen. Solltest du keine Möglichkeit haben dir den Text vorlesen zu lassen, so schreibe ihn sorgfältig ab.

Zur Geschichte der Briefmarke

Die ersten aufklebbaren Postwertzeichen wurden im Jahr 1840 in England verwendet. Die Briefmarken waren auf einem **Papierbogen** gedruckt und mussten einzeln **herausgeschnitten** werden. Einige Jahre später kam ein **findiger** Zeitgenosse auf die **Idee hier** eine praktische Änderung zu **vollziehen.** Die kleinen Rechtecke aus Papier waren von nun an gezähnt und konnten so **viel** leichter abgetrennt und benutzt werden.

Im Jahr 1848 **erschienen** in Bayern die ersten deutschen Briefmarken. Die Postverwaltungen der anderen Länder **ließen** sich ohne **Schwierigkeiten** von den Vorteilen überzeugen und führten selbst die **praktischen** Gebührenzettel ein. Nun konnten die Postkunden **ihre** Briefe in die überall vorhandenen Sammelkästen einwerfen, die immer **wieder** regelmäßig geleert wurden.

Heute sind die Postwertzeichen bei Sammlern sehr **beliebt.** Ihr Interesse richtet sich vor allem auf seltene **Liebhaberstücke.** Viele von ihnen haben sich auf besondere **Gebiete spezialisiert.** Dazu gehören zum Beispiel die Briefmarken der ehemaligen **Kolonien,** Wohlfahrtsmarken oder auch Postwertzeichen mit bestimmten **Motiven.**

Bayerische Marke von etwa 1890

Nun – wie viele Fehler hast du noch gefunden? Wenn es mehr als fünf waren, dann solltest du das Diktat in den nächsten Tagen noch einmal wiederholen.
Im Übrigen sind alle Fehler sorgfältig zu verbessern.

21

DAS SPRECHEN KOMMT VOR DEM SCHREIBEN

Kurzer oder langer Vokal?

Du weißt längst, dass du oft nicht so schreiben darfst, wie du sprichst. Sicher – es gibt eine Reihe von Regeln für die deutsche Rechtschreibung. Manchmal bleibt dir aber nichts anderes übrig als einzelne Wörter immer wieder zu üben und nach und nach auswendig zu lernen.

Vokale und Umlaute

Zunächst geht es um die Vokale oder Selbstlaute.
Sie heißen **a e i o u.**

(Dazu ein alter Merksatz aus der Geschichte: **A**lles **E**rdreich **i**st **O**esterreich **u**ntertan.)

Hinzu kommen die Umlaute: **ä ö ü**
und die Doppellaute (Diphthonge): **ei – ai, au – äu – eu.**

Die Vokale und die Umlaute können *kurz* oder *lang* sein. Die **Doppellaute** sind immer **lang.**

Kurzer oder langer Vokal?

kurz:	satt	*lang:*	Saat
	Herr		Heer
	rissig		riesig
	Rosse		Rose
	Sucht		(er) sucht

Lies dir die einzelnen Wörter laut vor und achte auf den Unterschied.

Übung 1

Prüfe, ob der (erste) Vokal in den folgenden Wörtern kurz oder lang zu sprechen ist:

der Hut   wandern   er   die Miete   toll   der Kahn   logisch
schlucken   das Wetter   in   kräftig   der Käfig   die Frösche   schön
die Lüge   die Lücke

Die Länge oder die Kürze eines Vokals in einem Wort ist manchmal besonders gekennzeichnet. Das hilft dir beim richtigen Schreiben. *Vorsicht aber:* Leider gilt das Gesagte für viele Wörter nicht.

Woran erkennst du, dass der Vokal hier **lang** zu sprechen ist?

Hier gibts was zu sehen!

zahlen   der Stahl   wahr   die Fahne
stehen   der Lehrer   nehmen   das Mehl
gestohlen   hohl   die Kohle   wohnen
ruhig   der Stuhl   muhen   das Huhn

lieb   der Kiesel   wiegen   das Gebiet
haarig   der Aal   leeren   das Heer
moorig   das Moos

Sicher hast du die Gesetzmäßigkeiten schnell richtig erkannt:

1. In den ersten vier Zeilen werden das **lange a, e, o** und **u** durch das so genannte **Dehnungs-h** gekennzeichnet.
2. Das **lange i** erscheint oft als **ie.**
3. In vergleichsweise seltenen Fällen werden langes a, e und o durch die **Verdopplung des Vokals** sichtbar: **aa, ee** und **oo.**

Es folgen nun einige Beispielwörter, die dir zeigen, dass der Vokal **kurz** zu sprechen ist:

Auf den folgenden Seiten erfährst du mehr über Dehnung und Schärfung von Vokalen.

platt   besser   bitter   die Wolle   stumm   die Blätter   die Küsse

Auffällig ist hier die **Verdopplung** des nachfolgenden Konsonanten, die sogenannte **Schärfung**.

KEINE REGEL OHNE AUSNAHME

Langer Vokal

Inzwischen weißt du, wie die Länge eines Vokals angedeutet werden kann:

1. durch das Dehnungs-h:

die Ä**h**re e**h**e i**h**r

2. durch Vokalverdopplung:

die S**aa**t sch**ee**l das B**oo**t

3. durch ie statt i:

s**ie**ben das Kn**ie** h**ie**r

Leider gilt das nicht für alle Fälle. Häufig ist die Länge des Vokals am Schriftbild **nicht** zu erkennen. Dafür gibt es zahlreiche Beispiele. Wenn du die folgenden Wörter laut liest, wirst du bemerken, dass die Vokale **lang** auszusprechen sind, obwohl die Länge (Dehnung) **nicht** besonders gekennzeichnet ist:

aber die Ware der Stab klar
er das Wesen regen der Wert
mir das Augenlid der Stil zivil
das Tor vor der Chor loben
die Stube zu der Flug suchen
die Läden lösen üben

Du siehst bereits hier, wie notwendig es ist, möglichst viele Wörter zu schreiben – und das immer wieder einmal. Denn in einem Sprichwort, das auch dir bekannt sein dürfte, heißt es zutreffend: „Einmal geschrieben ist so gut wie zehnmal gesprochen."

Sicher ist es gut, wenn wir die Möglichkeiten der Dehnung gemeinsam noch einmal durchgehen.

Das Dehnungs-h

Vor l, m, n und r steht auffällig oft das Dehnungs-h:

1. *vor l:* fa**hl** (bleich) der Fe**hl**er das Fo**hl**en wä**hl**en kü**hl**en
2. *vor m:* la**hm** ne**hm**en der Ru**hm** rü**hm**en
3. *vor n:* a**hn**en die Le**hn**e der Lo**hn** das Hu**hn** ä**hn**lich verhö**hn**en die Bü**hn**e
4. *vor r:* bewa**hr**en vere**hr**en das O**hr** die Fu**hr**e die Ä**hr**e fü**hr**en

Dehnungs-h vor l, m, n, r

▪ Übung 1 ▪

Sammle Wörter, die sich auf die genannten Beispiele reimen. Du solltest die gefundenen Vokabeln mit einem Wörterbuch überprüfen oder durch jemand anderen nachlesen lassen.

der Hahn der Zahn …
lehren verehren …
wohnen die Bohnen …

Vergiss nicht, dass es Ausnahmen ohne Dehnungs-h geben kann.

Beispiele – auch ohne Dehnungs-h – findest du im Lösungsteil. Durch sinnvolle Sätze gewinnst du Übung und Sicherheit:

Die Gäste tranken auf das **Wohl** des Jubilars.
Der tropfende Wasser**hahn** sollte möglichst bald repariert werden.

Schreibe noch weitere Beispielsätze in dein Übungsheft.

Langer Vokal ohne Dehnungs-h

Leider gibt es zur Regel vom Dehnungs-h (siehe Seite 13) eine große Zahl von *Ausnahmen.* Einige davon findest du in dieser Liste:

Beispiele ohne Dehnungs-h vor l und r

einmal das Denkmal die Qual der Saal
das Tal der Wal malen *(ein Bild malen)*
das Lokal national sozial die Zentrale

die Bar gar das Haar klar rar die Ware
die Schar der Zar *(russischer Kaiser)*

die Beere die Ferien der Ger *(Wurfspieß)*
her das Heer quer der Chor die Kur

der Bär das Märchen das Pärchen träge
hören betören küren *(wählen)* das Geschwür

der Kommissar das Honorar das Labor
der Tenor die Natur die Zensur

Beachte auch die neue Schreibung: rau (wie grau, blau, lau).

▪ Übung 2 ▪

Schreibe die folgenden Sätze ab und füge das passende Wort aus der obigen Liste ein.

Vor dem Rathaus steht ein … des Großen Kurfürsten.
Der …, das größte Säugetier dieser Erde, war zeitweise vom Aussterben bedroht.
Der „Goldene Anker" ist ein bekanntes Speise…
An der … müssen die Getränke mit Bargeld bezahlt werden.
Der Polizeiarzt verordnete dem Kommissar eine vierwöchige …
Der stimmgewaltige … ist ein Star unter den Sängern.
Ich kann die … erst dann hergeben, wenn Sie bezahlt haben!
Zahlreiche Kunstliebhaber waren im Fest… erschienen um den international bekannten Bach-… zu …

DIKTAT 1

Auch im folgenden Text geht es um die richtige Schreibung *langer Vokale.* Lass ihn dir diktieren oder schreibe ihn sorgfältig ab. Achte besonders auf die hervorgehobenen Wörter.

Und hier ein erstes Diktat!

Der Wolf auf dem Totenbett

Der Wolf **lag** in den letzten Zügen und schickte einen **prüfenden** Blick auf sein vergangenes **Leben** zurück. „Ich bin freilich ein Sünder", sagte er, „aber doch hoffentlich keiner von den größten. Ich habe **Böses getan,** aber auch viel **Gutes.** Einst kam **mir** ein **blökendes** Lamm, das sich von der Herde verirrt hatte, so **nahe**, dass ich es leicht hätte würgen können. Ich **tat** es nicht. Zur gleichen Zeit **hörte** ich den Spott und die Schmähungen eines **Schafes** mit **großer** Gleichgültigkeit an, **obwohl** ich die Hunde nicht fürchten musste."

„Das alles kann ich bezeugen", **fiel ihm** der Fuchs ins Wort. „Ich erinnere mich noch **sehr** gut der Umstände dabei. Es war zu **eben** der Zeit, als du jämmerlich an einem Knochen würgtest. Der **gutmütige Kranich zog ihn dir** schließlich aus dem Schlund."

(nach Gotthold Ephraim Lessing)

Die Doppelvokale: aa – ee – oo

Gelegentlich werden langes *a, e* und *o* durch *Verdopplung* gekennzeichnet. Allerdings sind diese Fälle recht selten.

■ Übung 3 ■

Wörter mit aa

Suche die Wörter **mit doppeltem a** aus den folgenden Sätzen heraus und notiere sie in deinem Heft.

Bei Regen findet die Veranstaltung im Saal statt.
Geräucherter Aal gilt als Delikatesse.
Die Saat geht erst dann auf, wenn es geregnet hat.
Kannst du mir ein paar Mark ausleihen?
Im Winter kaufe ich mir ein Paar Handschuhe.
Der Staat sorgt für die Sicherheit seiner Bürger.
Das Aas wird von Geiern gefressen.
Der Boxer bringt fünfundneunzig Kilo auf die Waage.
Wenn Peter schlecht gelaunt ist, findet er überall ein Haar in der Suppe.

Ableitungen erleichtern dir das Einprägen der Wörter.

Sicher findest du eine ganze Reihe von Wörtern, die von den aufgeschriebenen Vokabeln abgeleitet sind. Ein *Beispiel:*

das Haar – haarig, behaart,
enthaart, Haartracht,
Haarwaschmittel,
Haarschnitt,
Haupthaar,
Barthaar …

Beim **doppelten e** gehts andersherum. Wie du siehst, sind die Wörter bereits hervorgehoben. Versuche diesmal eigene sinnvolle Sätze zu bilden.

Wörter mit ee

Kaffee und **Tee** regen den Kreislauf an.
Im Herbst ernähren sich viele Tiere von reifen **Beeren**.
Cäsar marschierte mit seinem **Heer** nach Rom.
Auch am Schwarzen **Meer** gibt es herrliche Sandstrände.
Für das Wochenende werden **Schnee** und Frost gemeldet.
Im Rauch der Zigarette sind Nikotin und **Teer** enthalten.
Das Futter ist besonders wertvoll, weil es viel **Klee** enthält.
Der junge Kiefernwald wurde durch einen **verheerenden** Brand vernichtet.

Der **Reeder** taufte sein neues Schiff auf den Namen „Poseidon".
Die Matrosen tranken so lange, bis das Fass **leer** war.
Eine gute **Fee** wird mich aus meinem Elend erlösen!
Die sandigen Böden der **Geest** *(hochgelegenes Küstengebiet)* sind ziemlich unfruchtbar.
Der Herr sei meiner armen **Seele** gnädig!
Kolumbus stach mit drei Schiffen in **See** um den Weg nach Indien zu suchen.
Der Garten wird in gleichmäßig große **Beete** aufgeteilt.
Der **Speer** verfehlte den Gegner und blieb in einem Baumstamm stecken.

Sicher macht es dir besonderen Spaß, selbst Wörter mit doppeltem e zu finden und sie in Sätzen zu verwenden:

Aus den gesammelten **Himbeeren** und **Brombeeren** kochte Mutter **Gelee** und Marmelade.
Wegen eines **seelischen** Leidens musste der Schauspieler seinen Beruf aufgeben.

Wörter mit oo

Die Wörter **mit doppeltem o** sind besonders selten. Du kannst sie dir deshalb leicht einprägen.

Der Kapitän und fünf Matrosen ruderten mit einem **Boot** an Land.
Der **Zoo** wird im nächsten Jahr um ein Aquarium erweitert.
Die riesigen Granitblöcke sind von **Moos** und Farn überwuchert.
Wie schauerlich ists, übers **Moor** zu gehen!
Das dem Meer abgewonnene und durch einen Deich geschützte Land wird als **Koog** bezeichnet.

Notiere auch diese Wörter in deinem Heft. Wenn du zusätzliche Übung brauchst, verwende sie ebenfalls in Sätzen. Ein *Beispiel:*

Der Vereinsvorsitzende wurde wegen seiner selbstherrlichen Amtsführung von den Vorstandsmitgliedern **ausgebootet.**

Das Längenzeichen ie (ieh)

Langes i wird in der Regel **ie** (seltener **ieh**) geschrieben:

der D**ie**b, l**ie**ben, h**ie**r, er r**ie**f, das V**ieh**, z**ieh**en

Übung 4

Sammle möglichst nur Wörter, die mit ie geschrieben werden.

Hier kannst du testen, ob du ein gutes Gedächtnis hast. Bilde Reimpaare und schreibe sie in dein Heft.

das Tier – das Bier	die Schiene – die Biene
die Wiese – …	viel – …
tief – …	bieder – …
die Liege – …	das Knie – …
der Kiesel – …	biegen – …
verzieren – …	gierig – …

Einige Vorschläge findest du im Lösungsteil auf Seite 150.

Vorsicht bei den **Pronomen.** Wenn du nicht ganz sattelfest bist, dann kommt es leicht zu Verwechslungen:

mir, dir, wir, ihr, ihm, Ihnen

Wenn du **mir** bei den Hausaufgaben hilfst, dann spiele ich anschließend mit **dir** Federball.
Oder sollen **wir** gemeinsam etwas anderes unternehmen?
Wollt **ihr** warten, bis der Bus kommt?
Ich habe **ihn** noch nicht gesehen.
Sei doch so gut und hilf **ihm** beim Tragen.
Vielleicht kann ich **Ihnen** mein Auto anbieten?

Gelegentlich gibt es auch die Buchstabenverbindung **ieh**:

Die Verbindung ieh kommt nur selten vor.

das V**ieh** (*aber:* das Knie, nie, sie, wie)
fl**ieh**en, w**ieh**ern, z**ieh**en

Die Pflanze **gedieh** gut.
Für die Wanderung **lieh** ich mir einen Rucksack.
Das Messer **sieht** gefährlich aus.
Ich habe dir längst **verziehen.**
Was auch **geschieht** – ich stehe dir bei.

Übung 5

Von welchen Infinitiven sind die in den Sätzen gekennzeichneten Wörter abgeleitet? Schreibe sie in dein Heft und überprüfe sie dann anhand des Lösungsteils.

Ein Sonderfall: wieder und wider

Gleiche Aussprache – andere Bedeutung

Die beiden Wörter **wieder** und **wider** werden gleich ausgesprochen, haben aber eine unterschiedliche Bedeutung:
wieder – erneut, noch einmal, zurück
wider – gegen, entgegen

Karin ist schon **wieder** krank.
(erneut, zum zweiten, dritten Mal)
Wir kommen erst am Abend **wieder**. *(zurück)*

Du behauptest das **wider** besseres Wissen. *(gegen)*
Das Bild wurde **wider** meinen Willen verkauft.

Die beiden unterschiedlichen Wörter finden sich in zahlreichen Zusammensetzungen:

w**ie**derholen, das W**ie**dersehen, w**ie**derum …
erw**i**dern *(entgegnen)*, w**i**derlich, der W**i**derstand …

Übung 6

Wie entscheidest du dich bei diesen Sätzen? Übertrage sie in dein Heft und fülle die Lücken aus.

Frage stets nach dem Bedeutungszusammenhang im Satz.

Ich habe meinen Ring …gefunden.
Du darfst mir nicht ständig …sprechen!
Die …gabe des Konzerts durch den Rundfunk war sehr schlecht.
Der Angeklagte hat das Fahrzeug …rechtlich benutzt.
Der Bürgermeister hatte mit seiner …wahl gerechnet.
Sein …sacher zeigte sich sehr enttäuscht.

DIKTAT 2

Bayerische Marke von etwa 1890

Genug der grauen Theorie. Nun kannst du das Gelernte noch einmal an einem Diktat überprüfen. Solltest du keine Möglichkeit haben dir den Text vorlesen zu lassen, so schreibe ihn sorgfältig ab.

Zur Geschichte der Briefmarke

Die ersten aufklebbaren Postwertzeichen wurden im Jahr 1840 in England verwendet. Die Briefmarken waren auf einem **Papierbogen** gedruckt und mussten einzeln **herausgeschnitten** werden. Einige Jahre später kam ein **findiger** Zeitgenosse auf die **Idee hier** eine praktische Änderung zu **vollziehen.** Die kleinen Rechtecke aus Papier waren von nun an gezähnt und konnten so **viel** leichter abgetrennt und benutzt werden.

Im Jahr 1848 **erschienen** in Bayern die ersten deutschen Briefmarken. Die Postverwaltungen der anderen Länder **ließen** sich ohne **Schwierigkeiten** von den Vorteilen überzeugen und führten selbst die **praktischen** Gebührenzettel ein. Nun konnten die Postkunden **ihre** Briefe in die überall vorhandenen Sammelkästen einwerfen, die immer **wieder** regelmäßig geleert wurden.

Heute sind die Postwertzeichen bei Sammlern sehr **beliebt.** Ihr Interesse richtet sich vor allem auf seltene **Liebhaberstücke.** Viele von ihnen haben sich auf besondere **Gebiete spezialisiert.** Dazu gehören zum Beispiel die Briefmarken der ehemaligen **Kolonien,** Wohlfahrtsmarken oder auch Postwertzeichen mit bestimmten **Motiven.**

Nun – wie viele Fehler hast du noch gefunden? Wenn es mehr als fünf waren, dann solltest du das Diktat in den nächsten Tagen noch einmal wiederholen.
Im Übrigen sind alle Fehler sorgfältig zu verbessern.

DIKTAT 3

Die folgende Geschichte ist lustig zu lesen. Sie eignet sich aber auch sehr gut als Diktat. Du solltest den Text allerdings in drei Tagesrationen aufteilen.

Der kluge Richter

1. Abschnitt: Ein ehrlicher Finder

Nicht alles, was im Morgenland **geschieht,** ist ungeschickt. Das haben wir schon einmal **gehört.** Auch die folgende Begebenheit soll sich dort zugetragen haben. Ein reicher Herr hatte eine beträchtliche Geldsumme, die in ein Tuch **eingenäht** war, aus **Unvorsichtigkeit verloren.** Er machte daher seinen **Verlust** bekannt und bot, wie man es zu tun pflegt, dem **ehrlichen** Finder eine **Belohnung** an – und zwar von hundert Talern. Da kam ein guter und ehrlicher Mann daher. „Dein Geld habe ich gefunden. Dies wird es wohl sein. So nimm dein Eigentum zurück." So sprach er mit dem heiteren Blick eines ehrlichen Mannes und einer reinen **Seele** und das war schön. Der andere machte auch ein **fröhliches** Gesicht, aber nur deshalb, weil er sein verloren geglaubtes Geld **wieder**hatte. Denn wie es um seine Ehrlichkeit aussah, das wird sich bald zeigen.

2. Abschnitt: Der unehrliche Herr

Er **zählte** das Geld und dachte unterdessen **eilig** nach, wie er den treuen Finder um die versprochene Belohnung bringen könnte. „Guter Freund", sagte er hierauf, „es waren eigentlich 800 Taler in das Tuch **eingenäht.** Ich finde aber nur noch 700 Taler. Ihr werdet also **wohl** eine **Naht** aufgetrennt und die 100 Taler Belohnung schon herausgenommen haben. Das ist sehr gut so. Ich danke euch." Das war nicht schön. Aber wir sind noch nicht am Ende. Ehrlich **währt** am längsten und **Untreue** schlägt ihren eigenen Herrn. Der ehrliche Finder, dem es weniger um die 100 Taler als um seine Rechtschaffenheit zu tun war, versicherte, dass er das Päckchen so bringe, wie er es gefunden habe. Am Ende kamen sie vor den Richter. Beide bestanden auch hier noch auf ihrer Behauptung, der eine, dass 800 Taler eingenäht gewesen seien, der andere, dass er von dem Gefundenen nichts **widerrechtlich** genommen und das Päckchen nicht **versehrt** habe.

3. Abschnitt: Das gerechte Urteil

Da war guter **Rat** teuer. Aber der **kluge** Richter, der die Ehrlichkeit des einen und die schlechte Gesinnung des anderen erkannt hatte, griff die Sache so an: Er **ließ** sich von beiden über das, was sie aussagten, eine feste und feierliche Versicherung geben und fällte dann folgenden Spruch: „Wenn der eine von euch 800 Taler verloren, der andere aber nur 700 Taler gefunden hat, so kann das Geld nicht dem Ersten gehören. Du, ehrlicher Finder, nimm also das Geld, das du gefunden hast, wieder zurück und **bewahre** es gut, bis derjenige kommt, der nur 700 Taler verloren hat. Und dir weiß ich keinen anderen Rat, als dass du dich geduldest, bis derjenige sich meldet, der deine 800 Taler findet." So sprach der Richter und dabei blieb es.

(nach Johann Peter Hebel)

Selbstverständlich verdienen alle Fehler deine Aufmerksamkeit. Die Wörter, die du besonders beachten solltest, sind auch in diesem Diktattext wieder hervorgehoben.

WOS SCHWIERIG WIRD, FEHLER ZU MACHEN

Kurzer Vokal

Nochmals: lang oder kurz?

Inzwischen hast du längst gelernt kurze und lange Vokale zu unterscheiden. Wenn du unsicher bist, solltest du dir einzelne Wörter laut vorsprechen:

die Lippe – die Liebe · fällen – fehlen
das Ross – die Rose · der Herr – das Heer

▪ Übung 1 ▪

In den folgenden Wörtern wird der **Stammvokal** jeweils **kurz gesprochen.** Lies sie dir laut vor und versuche sie dann – nach ihrer Schreibung – in *zwei Gruppen* zu sortieren.

still das Wetter wild der Ort bellen der Durst knurren stumm
verwirrt das Wasser bald der Wanst sanft knabbern ernst

Nun – hast du den Unterschied entdeckt? Mit Hilfe des Lösungsteils kannst du deine Einteilung überprüfen.

Aus dem von dir Beobachteten lässt sich eine weithin zuverlässige *Regel* ableiten. Freilich geht es auch in diesem Fall nicht ganz ohne Ausnahmen.

Doppelter Konsonant nach kurzem Vokal

Auf einen *kurzen Vokal* folgt sehr oft ein **verdoppelter Konsonant.** Wenn zwei oder drei unterschiedliche Konsonanten folgen, ist das in der Regel auch ein Zeichen für die *Kürze* des Vokals:

die Stille das Wort das Ass der Stopp

▪ Übung 2 ▪

Notiere in deinem Heft alle Konsonanten, die sich verdoppeln lassen: **b, d, f, g, l, m, n, p, r, s, t.** Suche zu jedem Doppelkonsonanten mindestens ein Wortbeispiel.

Zwei Sonderfälle

ck statt kk
tz statt zz

Für die Konsonanten **k** und **z** gilt eine andere Regel:

kk → ck **zz → tz**

schi**ck** der Bä**ck**er se**tz**en der Scha**tz**

Aber in einigen Wörtern findet sich auch **zz**:

Pi**zz**a Ski**zz**e

Schreibe noch einige weitere Beispiele in dein Heft.

▪ Übung 3 ▪

Sammle Wörter, in denen zwei oder drei unterschiedliche Konsonanten auf einen Vokal oder Umlaut folgen. Ergänze die folgende Wortliste:

Mehrere Konsonanten nach kurzem Vokal

a: die Angst lang das Salz
e: ernst das Erbe wenden
i: wird binden die Kiste
o: der Most fordern frostig
u: die Wunde schuldig lustig
ä: ärgern die Änderung lärmen
ö: der Mörder nörgeln körnig
ü: würzen der Künstler die Sünde

Um zusätzliche Übung zu gewinnen kannst du die Beispiele auch abschreiben oder in Sätzen verwenden.

Beachte: In einsilbigen Wörtern wird die *Kürze des Vokals* oft **nicht** gekennzeichnet:

ab an ich bin das in im mit ob um …

Hier folgt wieder ein zusammenhängender Text, diesmal mit unterschiedlichen Schwierigkeiten. Lass ihn dir möglichst diktieren.

Das Leben in der Jungsteinzeit

Lange hatten sich die Menschen durch **die Jagd** und durch **das Sammeln** von **Beeren,** Pilzen und Vogeleiern ernährt. Vor rund siebentausend Jahren **vollzog** sich eine gewaltige Veränderung. Nun **begannen** sie Felder zu **bestellen** und Haustiere zu **zähmen.** Sie wanderten nicht mehr von einem Ort zum anderen, sondern wurden sesshaft.

Der Boden wurde zunächst mit spitzen **Stöcken** bearbeitet. Bald erfanden die frühen Bauern den **Pflug.** Eine einfache Holzgabel, die von Pferden oder Ochsen gezogen wurde, diente dazu, den Boden aufzureißen und für die **Aussaat** aufzulockern.

Tongefäße aus der Jungsteinzeit

Als Haustiere eigneten sich vor allem das wild lebende Schaf sowie Ziege, Rind und Schwein. Andere Tierarten kamen hinzu. Sie lebten in **Ställen** oder auf Weiden, die von Zäunen oder Steinmauern umgeben waren. Die Haustiere lieferten **Fett** und Fleisch, **Wolle** und Leder, Milch und Käse. Bald wurden sie für die **Ernährung** der Menschen **unentbehrlich.**

Die veränderten **Lebensverhältnisse** brachten weitere Neuerungen. Bald gelang es, **Gefäße** aus **Ton** zu formen. Sie wurden im Feuer **gebrannt** und auf diese Weise **wasserdicht.**

Bislang hatten sich die Steinzeitmenschen mit **Tierfellen** gegen Kälte und Wind geschützt. Nun lernten sie die **Wolle** ihrer Schafe zu **Fäden** zu **drehen**. Auf einem primitiven **Webstuhl** wurde das Garn anschließend zu **Stoff** verarbeitet.

Wegen der großen Veränderungen sprechen die Geschichtsforscher von der jungsteinzeitlichen **Revolution.**

Hast du alle markierten Wörter richtig geschrieben? Selbstverständlich solltest du auch auf andere Fehler achten.

Kurz noch zu einem Wort, das ein wenig versteckt im Diktattext auf Seite 26 vorkommt: **Verhältnis**.

Die Endung **-nis** wird mit nur **einem s** geschrieben. Aber Vorsicht! **Im Plural** kommt ein **zweites s** dazu.

Verhält**nis** – Verhält**nisse**
Ereig**nis** – Ereig**nisse**

Beachte: -nis wird zu -nisse.

Notiere noch weitere *Beispiele* in deinem Heft:

Erlebnis – …	… – Geheimnisse
Zeugnis – …	… – Begräbnisse
Gedächtnis – …	… – Befugnisse

Übrigens gilt Ähnliches auch für einige andere Wörter:

der Bus – die Busse   der Omnibus – die Omnibusse
der Kürbis – die Kürbisse   der Atlas – die Atlasse
der Globus – die Globusse   der Krokus – die Krokusse

▪ Übung 4 ▪

Hier noch eine zusätzliche Übung, bei der sich Rechtschreibung und Grammatik miteinander verbinden. Das müsste doch zu machen sein! Schreibe den angegebenen Infinitiv und die zusätzlich geforderte Form in dein Heft:

gehen	–	er …	(Präteritum/Imperfekt)
stehen	–	er …	(Präteritum/Imperfekt)
beißen	–	er …	(Präteritum/Imperfekt)
fallen	–	er …	(Präteritum/Imperfekt)
lassen	–	er …	(Präteritum/Imperfekt)
geben	–	…	(Imperativ Singular = Befehlsform)
nehmen	–	…	(Imperativ Singular = Befehlsform)
lassen	–	…	(Imperativ Singular = Befehlsform)

AUCH DAS GIBTS GELEGENTLICH

Drei gleiche Buchstaben

Bei *Zusammensetzungen* kann es durchaus vorkommen, dass *drei gleiche Konsonanten* aufeinandertreffen:

Schiff + Fahrt	schwimmen + Meister
Fluss + Sand	brennen + Nessel

Sie werden alle drei geschrieben:

Schi**fff**ahrt	Schwi**mmm**eister
Flu**sss**and	Bre**nnn**essel

Beachte auch: am he**lll**ichten Tag

Übrigens kommt es auch vor, dass *drei gleiche Vokale* zusammenstoßen. Auch dabei darf keiner wegfallen:

Kaffeeersatz	Schneeeule

Allerdings ist bei drei gleichen Buchstaben auch die Schreibung mit Bindestrich möglich:

Kaffee-Ersatz	Schnee-Eule
Fluss-Sand	Schwimm-Meister

Ausnahmen sind die Wörter de**n-n**och, Dri**t-t**el und Mi**t-t**ag; der *dritte gleiche Konsonant* entfällt hier.

DIKTAT 5

Lies dir die Schilderung eines jungen Arbeiters aus den 50er-Jahren in aller Ruhe durch. Präge dir schon jetzt schwierige Wörter ein. Lass dir den interessanten Text dann in drei Raten diktieren. Achte bei der anschließenden Überprüfung besonders auf die Wörter, die im Text fett gedruckt sind. Und vergiss nicht deine Fehler im Fehlerheft zu korrigieren.

Im Hamburger Hafen

1. Abschnitt: Am Fenster

Eines Morgens **weckten** mich die **Schiffssirenen** des Hamburger Hafens. Ich trat an das große Fenster des **Seemannsheims,** das an der Elbe liegt, und schaute hinunter. Gerade **schleppte** man einen **Ozeanriesen** ein, der von den **Hawaiiinseln/Hawaii-Inseln** kam. Winzige Schlepper zogen das große **Ungetüm.** Ich **öffnete** das Fenster um mehr zu sehen. Da schlug mir auch schon der Geruch des Hafens entgegen, schwer und **stickig** vom vielen Rauch, von Öl und Kohlen. **Hammerschläge,** Rufen, **Autohupen,** das **Rattern** der **Kräne** und Winden sowie andere, nicht **benennbare** Geräusche wurden laut.
Ich zog mich schnell an und **verließ** das Haus. Unten am **Kai** stellte ich mich hin und ließ das Leben **vorbeifluten.** Die **Schifffahrt** hatte mich schon immer interessiert.

2. Abschnitt: Im Hafen

Kleine **Fährschiffe,** die **Autobusse** des Hafens, legten bei mir an. Männer mit einem Bündel unter dem Arm und der Tabakspfeife schräg im Mund stiegen aus und **schritten** eilig die **Treppe** zur Stadt hinauf. Andere Leute stiegen ein. Schnell wurden die **Trossen** (Taue) gelöst und mit einer gewissen **Eleganz** fuhren die breiten Fährschiffe anderen Stationen zu. Plötzlich ging ein **Glitzern** über das weite Wasser und kam auf mich zu. Die Sonne spielte mit den **Wellen,** die sich hier im ewigen Gewühl der Schrauben nie beruhigen. Die Fläche lag wie ein frisch **bestellter** Acker vor mir. Drüben am anderen Ufer sah ich die großen **Werften** mit riesigen Anlagen und gewaltigen Kränen. Arbeiter **schafften** mit **Hämmern** und Eisen, Farben und Feuer, Gas- und **Sauerstoffflaschen**.

3. Abschnitt: Auf der Fähre

In diesem Augenblick kam wieder ein kleiner Fährdampfer auf mich zu. Kurz **entschlossen** ging ich an Bord, **löste** eine Fahrkarte und fuhr mit. Nun sah ich, dass der Hafen aus vielen **Wasserstraßen** besteht, in denen überall Schiffe ankern. Saubere, schöne **Luxusdampfer,** schmutzige Handelsschiffe, alle möglichen Kähne unbekannter Art und Herkunft mit **seltsamen** Wimpeln und Zeichen, deren Bedeutung ich nicht kannte, lagen im Wasser. Viele Schiffe sah ich ganz nah. Andere **erblickte** ich nur durch den grauen **Dunst**, der die Luft dieses Hafens **erfüllte.** Ich ging an einer anderen **Stelle** an Land und fragte nach dem Weg zu meinem Ausgangspunkt. Schließlich stand ich am **Tunnel,** ließ mich mit dem Aufzug nach unten fahren und ging die beleuchtete **unterirdische** Straße entlang zu der Seite der Stadt, auf der mein Seemannsheim lag.

Verbessere deine Fehler wie üblich. Versuche – wenn möglich – die richtige Schreibung zu begründen:

Schiff, schleppen, öffnen, rattern:

doppelter Konsonant nach kurzem Vokal;

wecken, stickig, erblicken:

ck statt kk …

▪ Übung 5 ▪

Diese abschließende Aufgabe verdeutlicht noch einmal den Unterschied zwischen Dehnung und Schärfung. Schreibe die Sätze ab, fülle dabei die Lücken aus. Das Suchwort der Satzpaare ist dem jeweils fett gedruckten Wort sehr ähnlich.

Achte auf die Aussprache der Vokale und auf die verschiedenen Dehnungs- und Schärfungszeichen.

Die erste **Rate** für unser Auto ist im Januar fällig.
Die … sind Überträger der Beulenpest.

Mir bleiben die Wörter in der **Kehle** stecken.
Die Maurer glätten den Verputz mit der …

Du kannst den Gummibaum auf die Terrasse **stellen**.
Dort wird ihn wohl niemand …

Die Schlehe schmeckt sehr **bitter** und ist deshalb für den Menschen kaum genießbar.
Bei der Versteigerung der mittelalterlichen Handschrift erhielt ein amerikanischer … den Zuschlag.

Bei der Neueröffnung des Frisiersalons wurde jeder Kundin eine rote **Rose** überreicht.
Der Wagenlenker trieb die … mit der Peitsche an.

Du hast in der Überschrift das **Komma** vergessen!
Der Verunglückte liegt seit drei Tagen im …

Die Jäger schmücken ihre **Hüte** mit bunten Vogelfedern.
Die Wanderer suchten in der … Schutz vor dem herannahenden Gewitter.

Ein unbemannter **Kahn** treibt aufs Meer hinaus.
In dieser … ist Pfefferminztee.

Das Mehl wird mit einem **Sieb** gereinigt.
In den Häusern der Jungsteinzeit lebte oft eine ganze …

An beiden **Polen** der Erde herrscht ein menschenfeindliches Klima.
Wenn die Luft voller Blüten… ist, muss ich jeden Augenblick niesen.

Wer andern eine **Grube** gräbt, fällt selbst hinein.
Unsere … kam als letzte auf dem Gipfel des Feldbergs an.

MANCHMAL KOMMTS ANDERS ALS GEDACHT

Die Doppellaute

ei – ai

Du erinnerst dich: *Doppellaute* (Diphthonge) werden stets *lang* gesprochen.
Dennoch sind sie gelegentlich mit einem **h** verbunden:

l**eih**en die R**eih**e s**eih**en *(durch ein Sieb gießen)*
w**eih**en der W**eih**er verz**eih**en

Der Grund liegt wohl darin, dass der Diphthong mit einem weiteren *Vokal* zusammenstößt.
Allerdings Vorsicht! Das gilt nicht immer:

die **Eie**r f**eie**rn der G**eie**r die L**eie**r

Ausnahmen mit ai

Verhältnismäßig selten sind die Wörter mit **ai.** Du solltest sie dir besonders *einprägen:*

der Hai der Kaiser der Laib *(Brotlaib, Käselaib)* der Laie
der Mai die Saite *(Violinsaite)* die Waise die Bai *(Meeresbucht)*
der Hain der Laich *(Froschlaich, Fischlaich)* der Mais
die Maid *(Mädchen)* die Maische *(Gärobst)* der Rain *(Wiesenrain)*

▪ Übung 1 ▪

Übertrage die folgenden Sätze in dein Heft und füge die passenden Wörter ein. Du findest sie in der Wortliste auf Seite 32 unten.

Augustus war der erste … der Römer.
Die Germanen verehrten ihre Götter in heiligen …
Längst ist der … auch in Mitteleuropa zu einer wichtigen Futterpflanze geworden.
Der erste … wird in vielen Ländern als Tag der Arbeit gefeiert.
Am Wiesen… blühen roter Mohn, blauer Salbei, gelbe Butterblumen und weiße Lupinen.
Der … ist an seiner dreieckigen Rückenflosse zu erkennen.
Meine Kusine Petra wuchs nach dem Tod ihres Vaters als Halb… auf.
Ich liebe dich, du holde …
Der Käse… ist rund wie ein Wagenrad.
Der Kapitän ließ in einer windgeschützten … ankern.
Beim Schachspiel bin ich ein blutiger …
Die Violine, die Bratsche und das Cello sind bekannte …instrumente.
Nach der alkoholischen Gärung wird die Obst… zu Branntwein verarbeitet.
Die Frösche legen ihren … im flachen Wasser ab.

au – äu – eu

Wörter mit **au, äu** und **eu** werden **ohne h** geschrieben:

b**au**en der B**au**er die Br**au**erei d**au**ern kl**au**en
l**au**ern die M**au**er verst**au**en s**au**er die Tr**au**er

schl**au** r**au** gr**au** der Rheing**au**

das Gebr**äu** der/das Kn**äu**el die Schl**äu**e

das F**eu**er h**eu**er n**eu** r**eu**ig
die R**eu**e sch**eu**en die Tr**eu**e

äu oder eu?

Die Doppellaute **äu** und **eu** sind schwer auseinander zu halten, zumal sie **gleich** gesprochen werden:

h**eu**te – die H**äu**te   L**eu**te – l**äu**ten

Ableitungen helfen dir beim Schreiben

Oft lässt sich die richtige Schreibung aber mühelos ermitteln:

der R**äu**ber (von r**au**ben)	das Geb**äu**de (von b**au**en)
die S**äu**re (von s**au**er)	**äu**ßern (von **au**ßen)
schn**äu**zen (von Schn**au**ze)	verbl**äu**en (von bl**au**)

Übung 2

Von welchen Wörtern mit **au** sind diese Beispiele abgeleitet?

der Bräutigam   bläulich   das Fräulein   die Fäulnis   die Gäule   gläubig
die Häuser   läuten   das Gemäuer   räuchern   räumlich   säuseln
säubern   säuerlich   schäumen   vertäuen   träumen   die Zäune

Übung 3

Wörter mit eu

Und nun folgen Wörter, die mit **eu** zu schreiben sind. In der Regel wirst du sie **nicht ableiten** können.
Füge die jeweils treffenden Wörter in die folgenden Sätze ein:

Die … ist ein Greifvogel, der erst in der Nacht ausfliegt.
Der Gesandte grüßte den Gouverneur mit einer tiefen …
Der Dieb versteckte seine … in einem ledernen …
Ich habe dich hinter der Gardine … erkannt.
Selbst über einen unangesagten Besuch würde ich mich sehr …
Du sollst dein Geld nicht immer wieder für Süßigkeiten …
Der Lohn für einen Seemann wird als … bezeichnet.
Am Frankfurter … kommt es häufig zu einem größeren Stau.
Nach etwa zwei Jahren müssen Sie die Batterie in Ihrer Uhr …

Der Angeklagte ... seine Tat und versprach Besserung.
Die Hauptdarstellerin sank mit einem tiefen ... auf die Bretter.
Wer mit dem ... aus einem Topf essen will, braucht einen langen Löffel.
Der Bräutigam versprach der Braut ewige ...
Die meisten ... der Konservenfabrik werden an Großabnehmer verkauft.

Hast du alle Wörter gefunden? Im Zweifelsfall hilft dir der Lösungsteil weiter. Benutze ihn aber erst dann, wenn dir das gesuchte Wort wirklich nicht einfällt.

Wortstamm und Wortfamilie

Es macht Spaß, selbst Wörter zu bilden. Wenn sie über einen gemeinsamen **Stamm** verfügen, spricht man von einer **Wortfamilie.**

fahren   der Fahrer   erfahren   die Fahrbahn
die Einfahrt   der Gefährte ...

Wortfamilien erleichtern die Rechtschreibung.

Übung 4

Versuche Ableitungen und Zusammensetzungen zu den folgenden Grundwörtern zu finden:

deuten   die Freude   das Feuer   die Leute   neu   scheu

Vergleiche deine Beispiele mit den Vorschlägen im Lösungsteil.

Übung 5

Bilde sinnvolle Sätze mit diesen Wörtern:

das Efeu   das Euter   beugen   deuten   feucht   heulen   heute
das Heu   keuchen   neun   erneut   seufzen   die Seuche
verscheuchen   die Scheune   schleunigst   schleudern   teuer

NICHT IMMER KANNST DU DEINEN OHREN TRAUEN

Ähnlich klingende Konsonanten

Wer deutlich spricht, schreibt besser!

Eine wichtige Voraussetzung für die Rechtschreibung ist, dass du die einzelnen Laute *klar und deutlich aussprechen* kannst. Am leichtesten ist das im Vergleich zu überprüfen:

der Sa**m**t – der Se**n**f
der **F**aden – die **V**ase
backen – **p**acken
das **D**orf – der **T**orf
we**g**en – we**ck**en

la**ng** – das La**mm**
die Mö**w**e – die Mö**b**el
die Lie**b**e – die Li**pp**e
der Bo**d**en – die Bo**t**en
die Sä**g**e – die Sä**ck**e

b – p, d – t, g – k

Zunächst interessiert uns vor allem die zweite Gruppe, in der **b** und **p, d** und **t, g** und **k** einander gegenüberstehen.

Hartes p und weiches b

Noch einmal: Lies die folgenden Wörter laut und versuche ein „explosionsartiges" **p** zu sprechen:

der Palast prächtig der Punkt plötzlich
preiswert die Pille das Polster plump

der Stapel der Schuppen schleppen wippen
die Grippe doppelt der Knüppel stoppen

Bilde nun das sanftere, weichere **b:**

der Boden baden bei der Brunnen bieder
die Bühne blind bange das Blut bücken

leben loben die Leber die Ebbe
oben das Streben neben der Nebel

Unterscheide gleichermaßen die Wortgruppen mit **t** und **d**:

Hartes t und weiches d

der Torf tragen das Tal tief teuer
taub die Truhe täuschen die Trauer

dort das Dorf der Duden denken
der Dotter doof düster der Dank

Und nun noch einige Wörter mit **k** und **g**. Achte wieder auf deine Aussprache:

Hartes k und weiches g

kalt die Kirche klären der König
kühl das Kabel der Käfig krachen

geben gläsern das Gold die Gottheit
gnädig gurgeln die Gnade genügend

So – der erste Schritt zur richtigen Schreibung der genannten Buchstaben ist getan. Als Grundregel gilt:

Richtig hören heißt richtig schreiben!

Übung 1

Bei den im Folgenden gekennzeichneten Wörtern ist *nicht* zu hören, ob *b* oder *p* geschrieben werden muss. Lass dir die Sätze diktieren oder schreibe sie ab. Präge dir die Schreibweisen gut ein.

Im **Herbst** fallen die Blätter von den Bäumen.
Das reife **Obst** wird geerntet.
Der **Gips** wird mit kaltem Wasser angerührt.
Die **Kapsel** aus Gelatine löst sich erst im Darm auf.
Erbsen und Bohnen zählen zu den Hülsenfrüchten.
Wer hat den **Stöpsel** aus dem Abfluss entfernt?
Die Samen der **Raps**pflanze werden zu Speiseöl verarbeitet.
Dieser **Schlips** passt zu deinem Hemd wie die Faust aufs Auge!
Statt eines Fisches hing ein **Krebs** an meiner Angel.
Ich hätte dich gern **selbst** zu mir eingeladen.
Dieser **Knirps** soll bereits acht Jahre alt sein?

… aber am Wortende

Die Unterscheidung zwischen harter und weicher Aussprache gilt *nicht* für den sogenannten *Auslaut*, den letzten Buchstaben. Es ist also Vorsicht geboten. Lies diese Wortpaare laut und deutlich:

loben – das Lob | geben – er gab
graben – das Grab | rauben – der Raub

radeln – das Rad | baden – das Bad
winden – der Wind | binden – das Band

tagen – der Tag | schweigen – schweig!
siegen – der Sieg | belegen – der Beleg

b, d und g „verhärten" am Wortende.

Hast du die Unterschiede gehört? Jeweils beim ersten Wort wird *weich*, ohne besondere Anspannung gesprochen.
Beim zweiten Wort *verhärten b, d und g zu p, t und k* in der Aussprache, ohne dass sich die Schreibung ändert.

In Zweifelsfällen hilft dir die Verlängerungsprobe.

Verlängerte Formen helfen dir den richtigen Buchstaben zu finden:

der Ti**pp** – tip**pen** im Schle**pp**tau – schle**ppen** (→) **p!**
gro**b** – der Gro**bian** das Sie**b** – sie**ben** (→) **b!**

der Ra**t** – ra**ten** ro**t** – rö**ten** (→) **t!**
das Lan**d** – die Län**der** wil**d** – verwil**dern** (→) **d!**

der Blo**ck** – die Blö**cke** star**k** – stär**ken** (→) **k!**
der We**g** – die We**ge** ar**g** – är**ger**lich (→) **g!**

■ Übung 2 ■

Einige Vorschläge findest du auf Seite 151.

Bilde verlängerte Formen zu folgenden Wörtern:

das Grab taub herb das Kalb
das Leid das Rind wund blind
der Krieg sag! wenig der Betrug

DIKTAT 6

Auch im Diktat lässt sich das Gelernte noch einmal überprüfen. Die Wörter, auf die es hier besonders ankommt, sind fett gedruckt.

Gute Arbeit will gelernt sein

Viele **Jugendliche** haben die Absicht einen Beruf zu erlernen. Wenn sie den Hauptschulabschluss, die mittlere Reife oder das Abitur erworben haben, suchen sie sich eine Lehrstelle in **Handwerk** oder Industrie. Einen Teil ihrer Zeit verbringen sie dann im **Betrieb.** An einem oder an zwei Tagen gehen sie in die Berufsschule um **theoretische Fachkenntnisse** zu erwerben. Wenn die Lehrzeit **erfolgreich** beendet wurde, bekommen die Auszubildenden den Gesellen- oder Facharbeiterbrief.

Bereits im Mittelalter erhielt der handwerkliche Nachwuchs eine besondere **Ausbildung.** Diese war Aufgabe der Berufsverbände, die **Zünfte** genannt wurden. Sie **kontrollierten** auch die **Qualität** der einzelnen **Erzeugnisse** und sorgten für einen angemessenen Preis.

In den letzten zweihundert Jahren nahm die Industrie einen **schwindelnd** raschen Aufschwung. Viele Schmiede, Tischler, Handweber oder Stellmacher fanden hier Arbeit. Die einzelnen **Fabriken** mussten nun aber auch selbst für gut vorgebildeten Nachwuchs sorgen. Sie richteten **Lehrwerkstätten** ein und bestimmten Werkmeister, die den **Auszubildenden** mit **Rat** und Tat zur Seite standen. Im Lauf von zwei oder drei Jahren lernten die jungen **Leute** den Umgang mit **Maschinen** und **Werkzeugen.** Wichtig war auch die **Gewöhnung** an **Sorgfalt** und **Pünktlichkeit.**

Der Maurer (damals „Meurer") in einer mittelalterlichen Darstellung

Goldschmiedinnen

d – t – dt

Wie gesagt: Es ist nicht immer möglich, *d* oder *t* an der Aussprache eines Wortes abzulesen. Oft helfen Ableitungen:

das Rad – die Räder
der Rat – die Räte

Die wenigen Wörter mit dt kann man sich gut merken.

1. Seltene Ausnahmefälle solltest du dir einprägen:

die Jag**d** – die Jag**d**beute   das Jag**d**horn
die Mag**d** – die Hausmag**d**   die Mäg**d**estube

2. Auch die Wörter mit **dt** sind Raritäten:

bere**dt** (statt: beredet; sprachgewandt)
er lä**dt** (statt: er ladet)
er san**dt**e (statt: er sendete)   Gesan**dt**er   Gesan**dt**schaft
gewan**dt** (statt: gewendet)   er wan**dt**e sich um   Gewan**dt**heit
verwan**dt**   unverwan**dt**   Verwan**dt**schaft
Sta**dt**   stä**dt**isch   Stä**dt**er

▪ Übung 3 ▪

Die gesuchten Wörter findest du unter Punkt 2.

Schreibe die Sätze ab und füge das passende Wort mit *dt* ein.

Beim achtzigsten Geburtstag meiner Großmutter trifft sich die ganze …
Ein Rundfunkreporter muss sehr … sein.
Im Mittelalter war jede … von einer wehrhaften Mauer umgeben.
Susi … die ganze Klasse zu ihrem Grillfest ein.
Der … wurde beauftragt seiner Regierung ausführlich Bericht zu erstatten.
Der alte Kapitän sah stundenlang … aufs Meer hinaus.
Vor vier Wochen … wir Ihnen eine Briefmarkenauswahl zur Ansicht.
Das … Wasserwerk konnte zum ersten Mal seit langer Zeit einen bescheidenen Gewinn verbuchen.
Der Affe griff sehr … nach der Banane.

Kompliziert wird es, wenn es auch von den Ausnahmen Ausnahmen gibt:

bere**dt** – aber: die Bere**d**samkeit
gewan**dt** – aber: das Gewan**d**
versan**dt** – aber: der Versan**d**

Beachte diese Sonderfälle!

Übung 4

Notiere in deinem Heft und ergänze die fehlenden Wörter.

Klaus ist sehr … Seine … reichte aber nicht aus um mich zu überzeugen.
Sehr … schlüpfte die Schauspielerin in das neue …
Zwar haben wir die neuen Kataloge bereits … Unser …haus kann aber erst in vierzehn Tagen liefern.

Stadt – statt

Präge dir auch diese unterschiedlichen Wörter ein:

die Sta**dt** – die Sta**tt** (die Stä**tt**e, die Werksta**tt**) besta**tt**en
die Gedenkstä**tt**e die Begegnungsstä**tt**e
sta**tt** sta**tt**lich sta**tt**finden der Sta**tt**halter

Übung 5

Ergänze diese Sätze und schreibe sie in dein Heft.

… in die Schule zu gehen, streunte Rainer durch die …
Die kleine Werk… von Gottfried Daimler in Stuttgart wurde zu einer Erinnerungs… ausgestaltet.
Cäsar war ein … Mann. Er verwaltete Gallien als …

end – ent

Schreibe aus dem folgenden Text alle Wörter mit *end* und *ent* heraus und sortiere sie in zwei Spalten.

Nach langem Hin und Her hatten wir uns entschlossen im Sommer an die See zu fahren. Endlich war es so weit.

Im Wattenmeer machten wir viele Entdeckungen. Von der endlosen Wasserfläche waren wir alle fasziniert. „Wochenend und Sonnenschein", sang mein Vater und legte sich entspannt in den Strandkorb.

Das Marschland war von schnurgeraden Entwässerungskanälen durchzogen. Sie endeten erst am Deich. Nach einer langen Wanderung am Strand hatte ich entsetzlichen Hunger. Ich weigerte mich endgültig weiterzugehen.

Wir mussten uns entscheiden, ob wir in einen Gasthof einkehren oder uns an einem Kiosk versorgen sollten Vater beendete das Gespräch, indem er sich dem „Goldenen Anker" zuwandte.

end	**ent**
endlich ...	entschlossen (entschließen) ...

„end" von „Ende"

In allen Wörtern, die in der linken Spalte stehen, ist die Silbe *end* von dem Substantiv *Ende* abgeleitet:

be**end**en – zu Ende führen
endlich – am Ende

Selbstverständlich kannst du die Liste in deinem Heft durch weitere Wörter ergänzen:

das **End**spiel ver**end**en **end**los ...
die **Ent**zündung **ent**färben **ent**setzt ...

Partizipien auf -end

Die Schreibweise der folgenden Beispiele könnte dir möglicherweise Kopfzerbrechen bereiten:

lach**end** murr**end** sing**end** quietsch**end** zähl**end**

Vielleicht weißt du bereits, dass es sich dabei um *Partizipien (Mittelwörter)* des Präsens handelt. Sie wurden von Verben abgeleitet, sind aber wie Adjektive zu verwenden:

der lach**ende** Vagabund die quäl**ende** Hitze

An der *verlängerten Form* erkennst du beim Sprechen sogleich, dass sie **mit d** zu schreiben ist.

Fremdwörter auf -ent und -ant

In einer anderen Wortgruppe taucht die Endsilbe *-ent* auf:

intellig**ent** dekad**ent** perman**ent** vehem**ent**

Auch hier helfen *verlängerte Formen* weiter:

der intellig**ente** Schüler

Sicher ist dir aufgefallen, dass die genannten Wörter alle aus *fremden Sprachen* stammen. Das gilt auch für die Wörter, die auf *-ant* ausgehen:

arrog**ant** bris**ant** domin**ant** gal**ant** interess**ant**
kul**ant** milit**ant** ras**ant** toler**ant**

Denk dran: Durch die Verlängerungsprobe erhältst du Klarheit!

Wenn du die genannten Wörter noch nicht kennst, dann solltest du ein Lexikon zu Rate ziehen oder im Lösungsteil nachschauen.

Übung 6

Bilde aus den oben genannten Wörtern auf *-end*, *-ent* und *-ant* verlängerte Formen und schreibe sie in dein Heft.

Tod – tot

Verwechslungen sind hier an der Tagesordnung. Das merkst du selbst sehr bald, wenn du Wörter mit *tod* oder *tot* schreiben musst.

Annegret war to**?**müde von der Wanderung.
Der verunglückte Bergsteiger war zum Glück nur scheinto**?**.

d oder t? Die Ableitung hilft weiter!

Versuche im Zweifelsfall herauszufinden, wovon das jeweilige Wort *abgeleitet* ist. Es gibt folgende Möglichkeiten:

Ableitungen von:
1. der Tod
2. der Tote/die Toten
3. tot

▪ Übung 7 ▪

Sortiere die folgenden Wörter in die richtigen Spalten und versuche eine Begründung:

todernst der Totenschein der Freitod todmüde scheintot
der Totschlag die Todesangst der Seemannstod töten
die Kriegstoten totenblass der Todfeind
totlachen die Todsünde totärgern der Herztod

der Tod	der Tote/die Toten	tot
der Scheintod …	das Totenhemd …	mausetot …

Zusätzliche Übung gewinnst du, wenn du die Wörter in Sätze einarbeitest:

Sherlock Holmes begegnete seinem **Todfeind** am Rand einer schwindelnden Schlucht.
Der **Totschlag** wird nicht so streng bestraft wie ein Mord.
Der **Totenschein** wird in der Regel von einem Arzt ausgestellt.

seit – seid

Beide Wörter werden gleich gesprochen und werden deshalb leicht verwechselt. Sie haben aber unterschiedliche Bedeutungen.

Auch hier gehts nicht ohne Grammatik!

1. Das Wort **seit** ist eine *Konjunktion* (Fügewort) oder eine *Präposition* (Verhältniswort).

Das zeigen diese Beispiele:

Seit gestern habe ich ein neues Fahrrad.
Unsere Familie lebt **seit** Generationen in der Weidenmühle.
Seit ich dich kenne, trägst du diesen unscheinbaren Mantel.
Ich sammle Münzen, **seit** ich ein kleiner Junge war.

2. Das Wort **seid** ist von *sein* abgeleitet:

Ihr **seid** unsere Gäste!
Seid ihr schon mehrere Male in Warnemünde gewesen?
Seid einig, einig, einig!
Seid vorsichtig, wenn ihr durch das Wattenmeer zur Insel geht.

Übung 8

Nun dürfte es dir nicht schwer fallen, das richtige Wort zu wählen. Schreibe die Sätze ab und überprüfe deine Wahl mit Hilfe des Lösungsteils.

… bitte etwas leiser, weil ich schlafen will.
… ihr von allen guten Geistern verlassen?
Ich habe meinen Vetter Kilian … Jahren nicht mehr gesehen.
Der Landstreicher wird … drei Wochen von der Polizei gesucht.
Dass ihr schon hier …
Ihr … mir wegen meiner Verspätung sicher böse.
… du in der Stadt arbeitest, sehe ich dich kaum noch.
Der Maler ist berühmt, …dem er seine Werke in New York ausgestellt hat.

Das nachfolgende Diktat schildert eine alltägliche Situation. Vielleicht hast du selbst schon etwas Ähnliches erlebt.
Aber lass dich nicht täuschen: Der Text, der so einfach erscheint, enthält versteckte Schwierigkeiten. Lies ihn zunächst einmal aufmerksam durch und bearbeite ihn dann jeweils zur Hälfte.

1. Abschnitt: Abschied vom alten Zuhause ...

Der Umzug

Endlich war es so weit. Nach einer unruhigen Nacht standen wir morgens um sechs Uhr auf, wuschen uns hastig und frühstückten im Stehen. Kaum hatten wir uns gestärkt, da fuhr der Möbelwagen vor. Der Fahrer öffnete die breiten Flügeltüren zur Ladefläche und klappte eine breite Treppenleiter nach unten. „So, von mir aus kanns losgehen!"
Schon waren die Möbelpacker zur Stelle. Mit schweren Schritten holperten sie ins Haus und suchten sich die Stücke aus, die besonders sperrig waren. Entschlossen und gewandt packten sie sie an, wuchteten sie in die Höhe und bugsierten sie durch die Tür ohne den kleinsten Kratzer zu verursachen. Immer wenn es besonders eng und heikel wurde, trat Totenstille ein. Mutter hielt für Sekunden den Atem an und schloss die Augen. Wenn sie dann wieder aufblickte, war sie erstaunt, dass ihre kostbaren Erbstücke bereits wohl verwahrt im Möbelwagen standen.
Betten und Schränke wurden fachmännisch in Einzelteile zerlegt. Weil diese nicht so schwer waren, konnten meine Schwester Sonja und ich beim Ausräumen mithelfen. Wir trugen auch Bilder und Hausgeräte, Teppiche und eine stattliche Anzahl von Kartons, die mit entsetzlich vielen Kleinigkeiten vollgepfropft waren.
Nach der Frühstückspause sahen das Schlafzimmer und das Wohnzimmer bereits wie eine Werkstatt aus. Zwei Stunden später waren alle Räume so gut wie leer. Freudig und zufrieden klopften sich die Packer den Staub von den Händen.
Für Mutter war dieser Teil der Arbeit aber noch nicht beendet. Nun regierten Besen und Staubsauger, bis der gröbste Schmutz beseitigt war.

2. Abschnitt: … und neuer Anfang

Kurz nach zehn Uhr hatten wir endlich alle Zimmer ausgeräumt und sämtliche Sachen im Möbelwagen verstaut. Einige Leute, die uns kannten, blieben im Vorbeigehen stehen und schüttelten uns die Hände. „Die Stadt ist ja nicht weit entfernt. Vergesst nicht, wieder einmal bei uns hereinzuschauen, wenn ihr eure Verwandten besucht."
Zuletzt klappte der Fahrer die Treppenleiter hoch und schlug die Wagentüren zu. Die Möbelpacker drückten sich ins Führerhaus. Als sich der Lastwagen in Bewegung setzte, folgten wir mit unserem Personenwagen. Sonja hatte Tränen in den Augen und blickte verstohlen zurück. Ich schluckte ein paarmal heftig und tat so, als wenn ich mich besonders für die Gegend, der wir uns näherten, interessieren würde.
Nach rund einer Stunde Fahrzeit bog der Möbelwagen in eine entlegene Seitenstraße ein und blieb vor einem stattlichen Mehrfamilienhaus stehen. Anscheinend war es eben erst fertig geworden. „Nun sind wir am Ziel", bemerkte Vater und lächelte zufrieden. „Wir alle werden uns bald eingelebt haben. Hoffentlich freut ihr euch auch darauf, eigene Zimmer zu haben."
Die Packer warteten nicht, bis wir zur Stelle waren. Schon trugen sie die ersten Möbel, Kisten und Kartons ins Haus. Alles ging wie geschmiert. Sonja und ich halfen, wo wir gebraucht wurden.
Nach drei Stunden war der Wagen leer. Der Fahrer und seine Helfer nahmen ein äußerst großzügiges Trinkgeld in Empfang und machten sich gut gelaunt auf den Heimweg.
Wir setzten uns erst einmal todmüde auf die herumstehenden Stühle und Sessel und atmeten tief durch. Mutter seufzte: „Puh, das Schlimmste ist überstanden. Von heute an sind wir hier zu Hause."

s – ss – ß

Tatsächlich – der Konsonant s ist eine häufige Fehlerquelle. Hast du nicht auch schon versucht in Zweifelsfällen die richtige Schreibung zu erraten und bist am Ende kläglich gescheitert?
Das muss aber nicht sein. Wenn du die wenigen nachfolgend erläuterten Regeln beherzigst, dann kann kaum noch etwas schief gehen.

Stimmhaftes s

Das *stimmhafte s* wird stets **s** geschrieben.
Es klingt sanft und säuselnd. Versuche es *weich zu sprechen,* auch wenn du es von Hause aus nicht gewohnt bist:

Susi sieht selten Segler.
Weise Greise lesen leise.

Stimmhafte Aussprache am Wortanfang und zwischen Vokalen

Das s wird **stimmhaft** gesprochen, wenn es *am Anfang eines Wortes* steht oder wenn es *von Vokalen eingeschlossen* ist. (Vorsicht: In manchen Mundarten ist es anders!)

sagen die **S**onne **s**anft das **S**ilber …
gr**ase**n die W**iese** gl**asi**g der B**ese**n …

Sicher fallen dir noch weitere Wörter der gleichen Bauart ein. Schreibe sie in dein Heft.

Su**s**i Ra**s**en Grei**s**e **s**ummen Häu**s**er lei**s**e le**s**en **S**ahne

Stimmloses s

Das *stimmlose s* wird scharf und zischend gesprochen. Es kann auf verschiedene Weise geschrieben werden, als **s, ss** oder **ß.** Hier ist sorgfältig zu prüfen, welcher Buchstabe in Frage kommt.

stimmhaft:	*stimmlos:*
hau**s**en	das Hau**s**
le**s**en	er la**s**
der Ra**s**en	die Ra**ss**en
die Ro**s**e	die Ro**ss**e
der Ha**s**e	der Ha**ss**
rei**s**en	rei**ß**en

Solltest du die Wörter in der Aussprache nicht unterscheiden können, dann musst du jemand anderen um Hilfe bitten. Übe gegebenenfalls, als wenn du eine Fremdsprache lerntest.

Stimmlose Aussprache am Wortende …

In den folgenden Wörtern ist das s *stimmlos:*

das Gra**s** das Hau**s** die Lau**s** die Mau**s**

Wenn du zu den angegebenen Beispielen verlängerte Formen bildest, dann ist das s *stimmhaft* zu sprechen. Wie du siehst, steht es nicht mehr am Ende eines Wortes, sondern *zwischen zwei Vokalen* (vergleiche Seite 48):

das Gra**s** – gr**ase**n das Hau**s** – ha**use**n
die Lau**s** – die Lä**use** die Mau**s** – ma**usi**g

… und vor einem Konsonanten

Stimmlos ist das s auch in diesen Beispielen:

du bi**s**t du ha**s**t der Mo**s**t die Lu**s**t die We**s**pe wi**s**pern ra**s**peln

Hier folgt ein **Konsonant** unmittelbar auf das s.

ss oder ß?

Es ist nicht ganz leicht, **ss** und **ß** zu unterscheiden. Du kannst die Regel aber sehr schnell lernen. (Für die Schweiz gilt ausnahmsweise etwas anderes: Hier wird durchweg **ss** geschrieben.)

Nach kurzem Vokal: ss

Doppel-s (ss) steht immer nach kurzem Vokal, unabhängig davon, was folgt:

e**ss**en kü**ss**en Ru**ss**e Wa**ss**er lä**ss**ig ma**ss**iv
e**ss**bar ku**ss**echt Ru**ss**land wä**ss**rig hä**ss**lich
i**ss**! la**ss**! Ku**ss** Pa**ss** na**ss** gewi**ss**
er ha**ss**t (seinen Gegner) du mu**ss**t (warten)
wir wu**ss**ten (alles) sie vermi**ss**ten (den Hund)

Nach langem Vokal: ß

Nach langem Vokal wird dagegen grundsätzlich **ß** geschrieben:

grü**ß**en wir a**ß**en Grö**ß**e Stra**ß**e sü**ß**lich
ma**ß**voll er a**ß** er hie**ß** (Fritz) Gru**ß** Sto**ß** sü**ß**
gro**ß** sie grü**ß**te er bü**ß**te der grö**ß**te Wal
mä**ß**ig gefrä**ß**ig

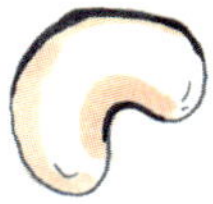

Beachte auch, dass Doppellaute (Diphthonge) als lange Vokale gelten:

hei**ß** au**ß**en bei**ß**en mei**ß**eln Strau**ß**

Du siehst: Von dieser Regel gibt es keine Ausnahme. Präge dir zusätzlich die beiden Merkwörter ein:

Zwei Merkwörter

Masse – nach kurzem Vokal **ss**

Die Zuschauermasse wartete auf den Anpfiff.

Maße – nach langem Vokal **ß**

Wir fertigen Blusen und Hemden nach Ihren Maßen an.

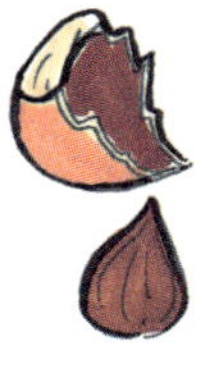

▪ Übung 9 ▪

Zur Übung wurden hier Wörter gesammelt, die entweder mit ss oder mit ß zu schreiben sind. Zeichne zwei Spalten in dein Heft und sortiere entsprechend der geltenden Regel:

ss (nach kurzem Vokal)	ß (nach langem Vokal)

Kurzer oder langer Vokal?

die Kla**?**e das Schlo**?** die Bu**?**e der Gru**?** die Fü**?**e die Ta**?**e

die Verfa**?**ung die Gie**?**erei me**?**en flie**?**en fa**?**en sto**?**en

pre**?**en gie**?**en hä**?**lich fa**?**bar mü**?**ig sü**?**lich ma**?**voll

e**?**bar er mu**?**te (schlafen) ich begrü**?**te (unsere Verwandten)

wir verla**?**en (den Zug) ihr verlie**?**t (den Omnibus)

Prüfe anhand der Lösungen, ob du Längen und Kürzen richtig bestimmt und entsprechend geschrieben hast. Vorsicht, die alte Schreibung von **ss** und **ß**, die ja viel schwieriger war, könnte dich gelegentlich verwirren. Gegebenenfalls musst du dich in jedem Einzelfall auf die Regel besinnen.

Der folgende Übungstext enthält Wörter mit den verschiedenen s-Lauten. Am besten wäre es, wenn du ihn dir diktieren ließest.

Ein Hirtenjunge entdeckt die Steinkohle

Es war gegen Ende des 12. Jahrhunderts. Ein **sächsischer** Hirtenjunge trieb seine Schafe auf entferntere **Wiesen** und Weiden, weil es in der Nähe des Dorfes nichts mehr zu **fressen** gab.

In diesen Tagen war das Wetter **hässlich** und kalt. Der Junge **beschloss** sich ein Feuer anzuzünden, weil er **fröstelte.**

Bald hatte er genügend dürres Holz gesammelt. Als das Feuer **einigermaßen** brannte, schichtete er Steine auf um die Flammen vor dem Wind zu schützen. Er brauchte nicht lange zu suchen, denn überall lagen **große,** glänzende schwarze Brocken herum.

Von Zeit zu Zeit **musste** der Junge nach seinem Vieh sehen. Als er wieder einmal einen **Ausreißer** zur Herde zurückgetrieben hatte, **wusste** er nicht, was geschah: Die Steine, die die Feuerstelle

umschlossen, brannten. Es dauerte nicht lange, da blieb von den **meisten** nur eine bescheidene **Masse weißer** Asche zurück.

Der Junge wollte es genau **wissen.** Nun warf er weitere Steine ins Feuer und wartete, ob sie sich veränderten. Tatsächlich gingen auch sie nach kurzer Zeit in Flammen auf.

Hastig trieb er seine Herde ins Dorf zurück und berichtete, was er erlebt hatte. Die Einwohner wollten zunächst nichts von dem **unfassbaren Ereignis wissen.** Sie glaubten dem Jungen **erst,** als sie sich an Ort und Stelle von der Existenz der seltsamen Steine, die in Wirklichkeit Steinkohle waren, überzeugt hatten.

Nun **wussten** sie, was zu tun war. Sie sammelten den wertvollen Fund in Körben und Säcken und trugen ihn in ihre **Häuser.** Die geheimnisvollen Steine waren **besser** als Holz, weil sie nicht so rasch zu Asche zerfielen.

Freilich ahnte **damals** noch niemand, welche Bedeutung der neue Energiespender Jahrhunderte später **besitzen würde.** Nun diente er nicht mehr nur zum Heizen, sondern auch zum Betrieb von Dampfmaschinen, Lokomotiven und Dampfschiffen sowie zur Gewinnung von **Roheisen.**

Überprüfe, ob du alles richtig geschrieben hast. Achte vor allem auf die gekennzeichneten Wörter.

▪ Übung 10 ▪

Wenn du zusätzlich etwas üben willst, dann lohnt es sich, mit Reimwörtern zu spielen:

der Ast   der Bast … *(einfaches s vor t!)*
lassen   die Tassen … *(kurzer Vokal – ss)*
essen   messen …
das Kissen   vermissen …
die Flossen   geschossen …
die Küsse   die Schüsse …

das – dass

In vielen Fällen schreibst du automatisch die richtige Form:

Das Wasser gefriert. – Ich trinke **das** Wasser.
Das habe ich vergessen. – Lies **das**!

In anderen Fällen wirds schwieriger. Am Nachdenken führt kein Weg vorbei:

Ich suche ein Buch, das/dass sich für Tierfreunde eignet.
Ich vermute, dass/das dieses Buch geeignet ist.

Sicher kennst du bereits die bewährte *Faustformel:*

„das" = dieses, welches

Schreibe **„das"**, wenn du stattdessen **„dieses"** oder **„welches"** einsetzen kannst.

Das/Dieses Buch ist langweilig. – Gib mir **das/dieses.**
Sie mieteten das Haus, **das/welches** neben der Kirche stand.
Das Geld, **das/welches** du mir geschickt hast,
kann ich sehr gut gebrauchen.

Freilich solltest du dich mit einer so schematischen Methode nicht zufrieden geben. Hier lohnt es sich, über Grammatik nachzudenken.

Grammatische Erklärung für die beiden Schreibweisen

Das Wörtchen „das" ist

- *bestimmter Artikel (**das** Muster)*
- *Demonstrativpronomen/hinweisendes Fürwort (Ich kaufe **das**!)* oder
- *Relativpronomen (Ich suche ein Buch, **das** sich für Tierfreunde eignet.)*

Das Wörtchen „dass" ist

- eine *Konjunktion,* die Nebensätze einleitet *(Ich vermute, **dass** dieses Buch geeignet ist. – **Dass** mir so etwas passieren musste!)*

Ganz nebenbei: Beide Wörter, *das* und *dass*, werden im Hochdeutschen völlig *gleich gesprochen.* Es wäre also falsch, sich unterschiedliche Aussprachen einzuprägen um Fehlern zu entgehen.

▪ Übung 11 ▪

Entscheide, ob in den folgenden Sätzen *das* oder *dass* zu schreiben ist. Verwende die Faustregel von Seite 54. Versuche aber zugleich *das/dass* grammatisch richtig einzuordnen.

Ich möchte ... nicht noch einmal erleben.
Wir wissen, ... wir uns auf dich verlassen können.
... kannst du in jedem Lexikon nachschlagen.
Nimm doch ... hier, wenn du dich nicht entscheiden kannst!
... sich das Wetter verändern würde, war schon am Morgen zu erkennen.
... Wichtigste haben wir miteinander besprochen.
Kolumbus glaubte, ... er Indien entdeckt hätte.
... ich mich so geirrt habe!

Modell der „Santa Maria" – Flaggschiff von Christoph Kolumbus

Münchhausens unglaubliche Abenteuer sind dir sicher nicht unbekannt. Lies die folgende Geschichte zunächst aufmerksam durch – am besten laut – und lass sie dir in zwei Abschnitten diktieren. Achte besonders auf die unterschiedliche Schreibung des s-Lauts.

1. Abschnitt: Löwe und Krokodil

In großer Gefahr

Ich wollte mich eben am Ufer eines **reißenden** Stromes niedersetzen um mich auszuruhen, als ich auf einmal ein seltsames Geräusch hörte. Ich sah zurück und wurde **fast** versteinert, als ich einen **grässlichen** Löwen erblickte, der gerade auf mich zukam und offensichtlich die Absicht hatte mich zum Frühstück zu **fressen.**

Meine Flinte war nur mit Schrot geladen. Ich hatte keine Zeit mich lange zu besinnen. Doch **entschloss** ich mich auf die **Bestie** zu feuern, in der Hoffnung sie zu erschrecken oder zu verwunden. Da ich aber aus Angst nicht wartete, **bis** der Löwe in **Schussweite** war, wurde er **äußerst** wütend und ging mit aller Heftigkeit auf mich **los.** Ich versuchte zu entfliehen. Als ich mich aber umgedreht hatte, erblickte ich wenige Schritte von mir entfernt ein **scheußliches** Krokodil, das seinen **riesigen** Rachen aufgesperrt hatte um mich zu verschlingen.

Meine Lage schien **aussichtslos.** Hinter mir der Löwe, vor mir das Krokodil, zu meiner Linken ein **reißender** Strom, zu meiner Rechten ein Abgrund, in dem sich die giftigsten Schlangen aufhielten. Betäubt stürzte ich zu Boden. Jede Sekunde erwartete ich die Zähne oder Klauen des **gefräßigen** Raubtieres zu fühlen oder im Rachen des Krokodils zu stecken.

2. Abschnitt: Wunderbare Rettung

Doch nach kurzer Zeit hörte ich einen starken, aber fremden Laut. Ich wagte es endlich, **entschlossen** meinen Kopf zu heben und mich umzuschauen. Zu meiner unaussprechlichen Freude fand ich, **dass** der Löwe in der Hitze, in der er auf mich **losschoss,** über mich weg in den Rachen des Krokodils gesprungen war. Der Kopf des einen steckte jetzt im Schlund des anderen. Mit aller Macht bemühten sich die beiden Raubtiere sich voneinander **loszureißen.**

DIKTAT

Gerade zur rechten Zeit sprang ich auf, zog meinen Hirschfänger und haute den Kopf des Löwen mit einem einzigen Schlag ab. Der Rumpf des Tieres zuckte zu meinen **Füßen.** Dann rammte ich mit dem unteren Ende meines **Schießeisens** den Kopf noch tiefer in den Rachen des Krokodils, **sodass** es jämmerlich ersticken **musste.** Nach diesem Sieg über zwei fürchterliche Feinde kam mein Freund um sich nach der Ursache meines Zurückbleibens zu erkundigen. Nach gegenseitigen Glückwünschen **maßen** wir das Krokodil und stellten mit einer **gewissen** Zufriedenheit **fest, dass** es mehr als zwölf Meter lang war. Später wurde die Haut ausgestopft und als eine der **größten** Merkwürdigkeiten im Museum von Amsterdam ausgestellt. Jeder Besucher, der sich dafür **interessiert,** kann sich die aufregende Jagdgeschichte dort vom **Aufsichtspersonal** erzählen **lassen.**

(nach Gottfried August Bürger)

f – v – ph

Ein Laut – drei Zeichen

Im Deutschen werden *f, v* und *ph* in den meisten Fällen gleich gesprochen:

der **F**aden – der **V**ater **v**iel Zeit – er **f**iel
die **Ph**ysik das **Ph**änomen

Allerdings darfst du den f-Laut nicht mit dem *pf* verwechseln. Das ist deshalb bemerkenswert, weil in manchen Mundarten *f* statt *pf* gesprochen wird.
Unterscheide deutlich:

Achte auf das explosionsartige pf!

der **F**lug – der **Pf**lug **f**ad – der **Pf**ad
der **F**und – das **Pf**und **f**ahl – der **Pf**ahl

Übung 12

Beim folgenden Ratespiel sind *Wörter mit v* gesucht. Schreibe die Sätze in dein Heft und vervollständige sie sinnvoll.
Die nachfolgende Liste hilft dir ein wenig. Allerdings sind die gesuchten Wörter mit anderen vermischt.

Für heute sind wir zu einem ländlichen ... eingeladen.
Jede Strophe dieses Gedichtes besteht aus vier ...
Eine alte, verkommene ... drohte uns mit geballter Faust.
Deine Augen, Liebste, sind blau wie ...
Bei der kommenden Wahl entscheiden die Stimmberechtigten über die Zusammensetzung der ...vertretung.
Kennst du den ..., der goldene Eier legt?

Dir ist sicher aufgefallen, dass hier immer f gesprochen wird.

Wortliste: der Vater das Veilchen
der Vers das Vesper die Vettel
das Vieh vier der Vogel
das Volk voll von vor

Mit den Vorsilben *ver-*, *vor-*, *voll-* und *vorder-* hast du vermutlich keine Probleme:

vergessen **ver**lassen die **Ver**losung **ver**lobt ...
vorlesen **vor**machen die **Vor**sorge **vor**sichtig ...
vollenden **voll**packen der **Voll**zug **voll**mundig ...
der **Vorder**grund das **Vorder**rad **vorder**asiatisch ...

Sicher fällt es dir leicht, weitere Zusammensetzungen zu suchen und zu notieren!

Übung 13

Welche der folgenden Wörter werden mit *f*, welche mit *pf* geschrieben? Lege in deinem Heft eine Tabelle mit zwei Spalten an und trage die Wörter entsprechend ein.

Kar__en	ru__en *(mit der Stimme)*	__ahl *(wird in den*
Kra__t	ru__en *(ruckartig ausreißen)*	*Boden gerammt)*
klo__en	schö__en	__ällen
He__e	Ha__en	Zi__el
Stu__e	__legen	A__el
sto__en	__egen	Ha__t
Gi__el	__effer	hü__en
__osten	__eige	__lügen
__olgen	__eife	Na__
ha__ten	kö__en	tu__en
Ho__en	__ahl *(bleich, farblos)*	Wi__el

Wörter mit f	Wörter mit pf
Kraft ...	Karpfen ...

DIKTAT 10

Lass dir den folgenden Text zum f-Laut diktieren und prüfe ihn dann sorgfältig auf seine Richtigkeit.

Ein neuer Anfang

Im Jahr 392 nach Christi Geburt hatte ein **frommer** römischer Kaiser die Olympischen Spiele **verboten,** weil sie für ihn Ausdruck heidnischer Gesinnung waren. Die Sportler und die Zuschauer dachten **vor** allem an das Diesseits und gerieten so in Gefahr das Leben nach dem Tod zu **vergessen.**

Im Jahr 1894 lud der **Vorsitzende** des **französischen Leichtathletikverbandes,** Pierre de Coubertin, **viele** Sportbegeisterte zu einem Kongress nach Berlin ein. Man diskutierte die **Vereinheitlichung** der Wettkampfbestimmungen und die Erneuerung der Olympischen Spiele.

Tatsächlich wurde im Jahr 1896 die erste **Veranstaltung** dieser Art durchgeführt, **sinnvollerweise** in Athen. Schließlich hatten in Griechenland die Wettbewerbe vor **vielleicht** dreitausend Jahren begonnen.

Heute sind die Olympiaden nicht mehr aus dem Sportleben wegzudenken. Die Jugend der Welt **versammelt** sich alle **vier** Jahre an einem anderen Ort zu einem **friedlichen** Wettstreit.

Das Diktat auf dieser Seite enthält verschiedene Rechtschreibschwierigkeiten. Deshalb solltest du dich nicht nur auf die Wörter mit **f** und **v** konzentrieren.

Verbessere deine Fehler wie üblich und versuche die richtige Schreibung – falls möglich – zu begründen.

Olympiafahne und olympisches Feuer (aufgenommen in Barcelona 1992)

Fremdwörter mit ph

Die *Wörter mit ph* sind fremder (griechischer) Herkunft. Einigen bist du sicher bereits begegnet:

das **Ph**änomen der **Ph**önix der **Ph**arao
der **Ph**arisäer die **Ph**armazie die **Ph**ase
die **Ph**ilatelie der **Ph**iloso**ph** der **Ph**os**ph**or die **Ph**rase

der Apostro**ph** die Biogra**ph**ie die Di**ph**therie
das Pam**ph**let die Stro**ph**e die Tro**ph**äe

Kannst du die Wörter erklären? Befrage gegebenenfalls ein Handlexikon, bevor du den Lösungsteil zu Hilfe nimmst.

Noch eins: Immer wieder werden Wörter mit griechischer Schreibweise eingedeutscht:

der **Ph**otogra**ph** → der **F**otogra**f**
das Tele**ph**on → das Tele**f**on

Die zweite Form zeigt die zeitgemäßere Schreibung. Hier ist die orthografische Veränderung bereits zum Abschluss gekommen.

Bei anderen Beispielen kann man noch schwanken:

die Biogra**ph**ie/die Biogra**f**ie
die Gra**ph**ik/die Gra**f**ik
der Del**ph**in/der Del**f**in
die **Ph**antasie/die **F**antasie

Da beide Formen zulässig sind, kannst du aber nichts falsch machen.

lig – lich, ig – isch

Diese Endungen klingen zum Teil gleich, zum Teil sehr ähnlich und werden deshalb oft verwechselt. Versuche im Zweifelsfall die richtige Schreibung durch *verlängerte Formen* zu ermitteln.

Achte auf die korrekte Aussprache der unterschiedlichen Endsilben.

neb**lig** – das neb**lige** Wetter
heime**lig** – die heime**lige** Hütte

ernst**lich** – die ernst**liche** Erkrankung
pein**lich** – eine pein**liche** Enthüllung

lebend**ig** – die lebend**ige** Schilderung
wind**ig** – eine wind**ige** Sache

närr**isch** – die närr**ischen** Tage
dän**isch** – die dän**ische** Flagge

▪ Übung 14 ▪

Ergänze die richtige Endung und bilde *verlängerte Formen* nach den vorgegebenen Mustern:

sünd- ärger- romant- meh- bil- winter- lust- gesel- höll- süß- spött- mad- fürst- wel- günst- französ-

DIKTAT 11

Die genannten Endungen kannst du – unter anderem – mit folgendem Diktat üben:

Richtige Erziehung damals

Unser Leben als Kinder wurde durch die damals **übliche** Sitte, durch die Lebensumstände und durch den Charakter der Eltern bestimmt. Die Sitte war sowohl **feierlich** als streng. Kinder, Knechte und Mägde wurden bei aller **Freundlichkeit** und **Gutmütigkeit** in **gehörigem** Abstand gehalten. Selbst in den unteren Ständen bemühte man sich um Vornehmheit und **Zierlichkeit.** Der Vater war **heftig** und lebhaft, zugleich aber **freundlich** und mild. Die Mutter verhielt sich ernst und **ruhig.** Sie erfüllte ihre **irdischen** Geschäfte treu und **eifrig,** lebte aber **wenig** von irdischem Stoff, sondern ausgesprochen **mäßig.** Kein Kaffee, Wein oder Tee ist jemals über ihre Lippen gekommen.

Dieses Leben wurde auch für die Kinder **energisch** zur Regel gemacht und wir älteren Jungen sind **ziemlich** streng erzogen worden. Auch wurde uns bei Schuhwerk und Bekleidung keine **Weichlichkeit** gestattet.

War bei einem Nachbarn, der eine Meile von uns entfernt wohnte, etwas **Wichtiges** zu bestellen, so schrieb der Vater ein **winziges** Briefchen, sattelte unser **geduldiges** Ross, setzte einen von uns Jungen in den Sattel und ließ ihn fortgaloppieren. Der Vater, der noch **jugendlich** und **kräftig** war, zeigte mit unserer **Empfindlichkeit** kein Mitleid.

(nach Ernst Moritz Arndt)

chs – cks – gs – ks – x

Ein Lautwert – fünf Buchstabenverbindungen

Du weißt es längst: Laut und Buchstabe stimmen im Deutschen nicht immer überein. Auch wenn es hier einfacher ist als im Englischen oder im Französischen, musst du doch die Schreibung zahlreicher Wörter auswendig wissen.

Diesmal geht es um den Lautwert **ks**. Und hier die fünf Möglichkeiten der Schreibung:

der Fu**chs** → **chs** der Kni**cks** → **cks**
län**gs** → **gs** lin**ks** → **ks**
die Ni**x**e → **x**

Übung 15

Übertrage die folgenden Sätze in dein Heft und füge die passenden Wörter ein. Du findest sie in einer Sammelliste am Ende dieser Aufgabe.

Eine türkisblaue ... huschte die Mauer entlang.

Der Förster legte die ... an die Schulter und drückte ab.

Das Eisenerz wird mit Hilfe von ... zu Eisen verhüttet.

Du stehst da wie ein ... vor dem Scheunentor!

Die Tomatensetzlinge stehen noch im ...haus.

Der Lastwagen blieb mit gebrochener ... neben der Fahrbahn liegen.

Die ... treffen sich in der Walpurgisnacht auf dem Brocken.

Der buschige ... wird zu blütenweißem Leinen verarbeitet.

Mach, dass du ... ins Bett kommst!

Im Mittelalter wurde das Bienen... in den Klöstern zu Kerzen verarbeitet.

Möchtest du ein Stück Kuchen oder ein paar …?

Vielfach wird die Tollwut in unserer Gegend durch … verbreitet.

Heute ist der … ein besonders begehrter Speisefisch.

Beim Spielen stürzte Susi … in den schlammigen Feuerwehrteich.

Für den Anfang empfehle ich Ihnen dieses dreibändige …

Wörter, die mit dem ks-Laut gesprochen werden

Achse	Existenz	Jux	Nixe
Achsel	Explosion	Kalbshaxe	Ochse
allerdings	extra	Keks	Praxis
anfangs	Faxen	Knicks	rings
Axt	Flachs	Koks	Sachsen
boxen	fix	kraxeln	sechs
Buchsbaum	flexibel	Lachs	stracks
Büchse	flugs	längs	Taxi
Dachs	Fuchs	lax	Text
Deichse	Gewächs	Lexikon	Textil
Drechsler	Häcksel	links	Wachs
drucksen	Haxe	Luchs	wachsen
Echse	Hexe	mittags	wechseln
Eidechse	hinterrücks	neuerdings	Wuchs

Diese umfangreiche Liste musst du dir sicher mehrmals vornehmen.

BEI SINNVOLLER VERWENDUNG UNENTBEHRLICH

Fremdwörter

Fremdwörter bereichern den Wortschatz der eigenen Sprache.

Ohne Wörter aus fremden Sprachen gehts nicht. Davon kannst du dich selbst rasch überzeugen. Oder möchtest du – wie vorgeschlagen – für Nase „Gesichtserker“, für Fieber „Zitterweh“ und für Revolver „Meuchelpuffer“ sagen? Sicher nicht.
In der Regel werden Wörter aus fremden Sprachen übernommen, wenn es in der eigenen für eine bestimmte Sache oder für einen bestimmten Sachverhalt (noch) keine Bezeichnung gibt, z. B.

Computer, Manager oder Piano

Die Schreibung der Lehnwörter bereitet oft keine Probleme.

Viele fremde Wörter sind längst eingedeutscht und werden folglich wie deutsche Wörter behandelt. Sie heißen **Lehnwörter**:

Keks *(zu engl. cakes = kleine Kuchen),*
Mauer *(lat. murus),* Truppe *(frz. troupe)*

Manchen Wörtern kannst du ihre fremde Herkunft durchaus noch ansehen. Von Fall zu Fall gibt es auch Gesetzmäßigkeiten bei der Rechtschreibung.

Fremdwörter mit ph

Von den mit *ph* zu schreibenden Wörtern war schon die Rede (Seite 61). Eine kurze Wiederholung wird aber kaum schaden.

▪ Übung 1 ▪

Versuche die Lücken in den folgenden Sätzen zu schließen.

Sokrates war der berühmteste ... des Altertums.
Die Bevölkerung der Hauptstadt bereitete dem Fußballweltmeister einen ... Empfang.
Die zulässige Lautstärke wurde um mindestens fünfzig ... überschritten.
Lernt für morgen bitte die ersten drei ... des Gedichts.
Der ... ist ein durchsichtiger blauer Edelstein.
Der italienische Naturforscher Galileo Galilei bewies mehrere ... Gesetzmäßigkeiten durch Experimente.

Diesmal gilt es, die gesuchten Wörter ohne Liste zu finden.

Fremdwörter mit ch

Einige der Fremdwörter, die *am Anfang mit ch* geschrieben werden, lernst du in dem folgenden Quiz kennen.

▪ Übung 2 ▪

1. kleine Echse, die bei Gefahr ihre Farbe ändert **2.** besonders begehrter, in Frankreich hergestellter Sekt **3.** günstige Gelegenheit **4.** großes Durcheinander **5.** Wesensart eines Menschen **6.** liebenswürdig, andere für sich einnehmend **7.** Fahrer eines Autos **8.** Vorgesetzter, Leiter **9.** Wissenschaft von den Eigenschaften und der Zusammensetzung von Stoffen **10.** Spielmarke, in Fett gebackene Kartoffelscheibe, Bauteil von Computern **11.** grünliches Gas, chemisches Element **12.** epidemische Infektionskrankheit mit Brechdurchfall **13.** Gruppe von Sängern **14.** Kirchenlied **15.** Metall, das u.a. zur Veredlung von Eisen verwendet wird **16.** geschichtlicher Überblick in zeitlicher Reihenfolge.

Welche Wörter sind gemeint?

Kleiner als ein Pfennigstück: moderner Computerchip

Höchstes Lob, wenn du alle Fremdwörter mit **ch** erraten hast. Sollten es weniger als die Hälfte sein, dann musst du dich einen Tag später nochmals an die Arbeit machen.

Fremdwörter mit th

… und noch ein Suchspiel

Die Wörter mit *th* stammen in der Regel aus dem Griechischen. Einige davon sind in den folgenden Sätzen versteckt. Suche sie und notiere sie in deinem Heft.

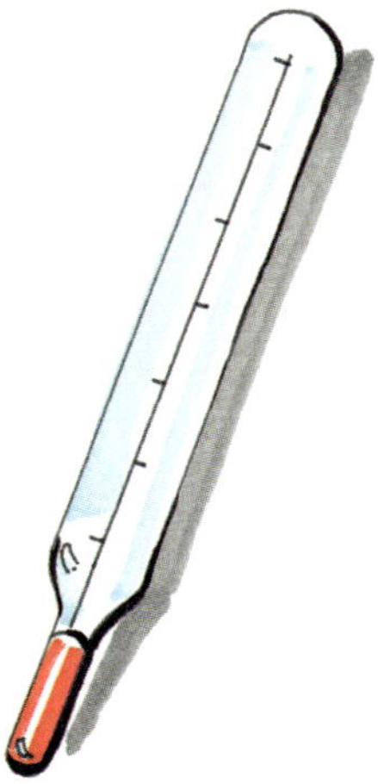

Mein Bruder studiert Theologie, weil er Pfarrer werden möchte.
Bereits seit Tagen zeigt das Thermometer Temperaturen unter null Grad Celsius.
Die Universitätsbibliothek verfügt über dreihundertfünfzigtausend Bände.
Der Kaiserthron ist mit Pfauenfedern und Edelsteinen reich geschmückt.
Mit Ihren unfeinen Methoden können Sie niemanden zum Kauf bewegen!

Seit über dreißig Jahren steht Gastwirt Müller Tag für Tag hinter der Theke.
Weil unsere Tochter an Asthma leidet, fahren wir in den Sommerferien an die Nordsee.
Theorie und Praxis liegen oft weit auseinander.
Unsere neuen Nachbarn waren uns auf den ersten Blick sympathisch.
Als Kind hatte ich Masern, Wasserpocken und vor allem Diphtherie.

Kläre die unbekannten Begriffe mit Hilfe eines Nachschlagewerks.

Leider hast du bei deiner Schilderung das Thema nicht richtig beachtet!
Wer nicht am Religionsunterricht teilnehmen möchte, muss das Fach Ethik belegen.
In der Orthografie und in der Zeichensetzung hast du durch Fleiß bemerkenswerte Fortschritte gemacht.
Im Stadttheater wird die Komödie „Minna von Barnhelm" gespielt.
Die meisten russischen Christen gehören der orthodoxen Kirche an.

Der Fuß wurde durch eine kunstvoll eingerichtete Prothese ersetzt.
Bewegt euch bitte alle nach demselben Rhythmus **(rh + th!).**
Fronleichnam ist ein hoher katholischer Feiertag.
Viele Kranke suchen in Thermalbädern wegen des warmen Wassers Linderung.
Hast du die Mathematikaufgaben richtig verstanden?
Die Zimmertemperatur wird durch den Thermostaten zuverlässig geregelt.

Selbstverständlich darfst du die Liste noch ergänzen. Hast du mehr als drei Wörter gefunden? Fünf? Sieben? Vielleicht hilft dir jemand beim Raten und beim Suchen.

Fremdwörter mit k

Bei Wörtern, die nicht aus dem Deutschen stammen, wird oft (nicht immer) **k anstelle von ck** geschrieben:

das Pa**k**et die Techni**k** a**k**tiv pa**k**tieren

Hier hast du eine Auswahl verhältnismäßig häufig vorkommender Vokabeln:

aktuell	der Artikel	der Redakteur	die Hektik
das Dokument	der Dialekt	der Rektor	die Klinik
das Faktum	der Direktor	der Sektor	die Komik
das Imperfekt	der Doktor	der Takt	die Lektion
das Lokal	der Effekt	der Traktor	die Logik
das Perfekt	der Faktor	die Aktie	die Mimik
das Plakat	der Infekt	die Bakterie	die Oktave
defekt	der Kontakt	die Fabrik	die Optik
der Akt	der Nektar	die Gestik	die Tragik
der Architekt	der Pakt	die Grammatik	perfekt

Übung 3

Suche *zehn* Wörter heraus, die du nicht kennst, schreibe sie ins Heft und notiere ihre Bedeutung. Ein Lexikon hilft weiter, notfalls auch der Lösungsteil auf Seite 153.

Sollten dir noch mehr Wörter unbekannt sein, kannst du deine Sucharbeit am nächsten Tag fortsetzen.

Fremdwörter mit x, y oder v

Von der unterschiedlichen Schreibung des Lautwerts **ks** war schon die Rede (vergleiche Seite 64/65).

1. In Fremdwörtern wird in der Regel **x** geschrieben:

das E**x**periment e**x**plodieren der E**x**port
e**x**tra e**x**trem die E**x**trawurst
fa**x**en fi**x**ieren das Le**x**ikon mi**x**en die Pra**x**is
die Se**x**ualität das Ta**x**i

2. Viele Wörter aus fremden Sprachen enthalten ein **y**:

der T**y**p die G**y**mnastik das G**y**mnasium der T**y**rann
die H**y**giene der Märt**y**rer anon**y**m das S**y**stem
der Z**y**linder die Anal**y**se der D**y**namo das S**y**mbol
der T**y**phus das As**y**l der As**y**lbewerber die D**y**nastie
die H**y**mne die L**y**rik der Rh**y**thmus die S**y**mmetrie
die S**y**nagoge d**y**namisch die H**y**sterie der L**y**mphknoten
m**y**stisch der M**y**thos t**y**pisch der Z**y**niker

3. In Fremdwörtern aus dem Lateinischen erscheint oft ein **v**. Es wird aber wie **w** gesprochen:

Nicht vergessen: gesprochen w, geschrieben v!

die **V**ase die **V**illa das **V**erb der **V**irus die **V**ene
der **V**okal der **V**entilator **v**ibrieren **v**ehement **v**ital
der Pa**v**ian die Oli**v**e der nai**v**e Maler jo**v**ial bra**v**o
das Kla**v**ier der Gano**v**e die Moti**v**ation der Ri**v**ale

▪ Übung 4 ▪

Schreibe alle Wörter, die du nicht kennst oder bei denen du unsicher bist, in dein Heft. Selbstverständlich kannst du auch Sätze bilden oder die Wörter zu erklären versuchen.

▪ Übung 5 ▪

Erläutere folgende Begriffe schriftlich. Du darfst dabei höchstens zwei Sätze verwenden:

das E**x**periment das Ta**x**i
der Márt**y**rer das S**y**mbol die S**y**nagoge
der **V**entilator der Ri**v**ale

Vorschläge für die Erklärung der genannten Wörter findest du im Lösungsteil. Sieh aber erst nach, wenn du nicht weiterkommst.

Fremdwörter mit qu

Häufig sind auch Wörter fremder Herkunft mit **qu**. Du wirst sie kaum falsch schreiben, weil im Deutschen die Verbindung *kw* unüblich ist.

▪ Übung 6 ▪

Versuche herauszufinden, welches Wort gemeint sein könnte.

Schreibe die gefundenen Wörter in dein Heft.

bei normaler Temperatur flüssiges Metall = ...
Beleg dafür, dass ein bestimmter Betrag bezahlt wurde = ...
Rechteck mit gleich langen Seiten = ...
Güte einer Ware oder Dienstleistung = ...
Zeitraum von drei Monaten = ...
Unterkunft (z. B. während der Ferien) = ...
Schmerz, Pein = ...
gallertartiges Meereslebewesen = ...
großer, rechteckig begrenzter Steinblock = ...
bestimmte Menge = ...
hartes, aus Kieselsäure bestehendes Gestein = ...
Ratespiel = ...
Teiler in einer Divisionsaufgabe = ...

Schmucksteine aus Quarz sind sehr beliebt.

Der folgende Text enthält eine ganze Menge *Fremdwörter.* Bevor du ihn dir diktieren lässt, solltest du ihn sorgfältig durchlesen. Zur Übung kannst du auch die markierten Wörter in dein Heft schreiben: Politik, Kultur ...

Wie eine Zeitung entsteht

Die meisten Menschen erwarten, dass sie beim Frühstück die neuesten Nachrichten aus **Politik, Kultur** und Sport in der Zeitung lesen können. Wichtig sind auch die Berichte und **Kommentare** über **regionale** Ereignisse. Wenn die tägliche **Lektüre** ausbleibt, verbreiten sich Missmut und Ärger.

Nur wenige Leser denken darüber nach, wie eine Zeitung entsteht. **Journalisten** und **Reporter** sammeln Nachrichten und Bilder. Manche begeben sich an den Ort des Geschehens um brand**aktuell** berichten zu können. Oft kommt das **Material** auch über Fernschreiber oder **Telefax**geräte. **Agenturen** verkaufen **interessante** **Fotografien** gegen ein **Honorar**. So kann es vorkommen, dass bestimmte **Texte** und **Illustrationen** in mehreren Zeitungen gleichzeitig abgedruckt werden.

In der **Redaktion** werden die **Artikel** und Bilder geprüft, überarbeitet und für die Zeitung aufbereitet. Wenn das geschehen ist, werden sie mit Hilfe von **Computern** auf Druckvorlagen übertragen. Selbstverständlich muss bei jedem Text die **Orthografie** noch einmal **korrigiert** werden.

Blick in die Zeitungsdruckerei der „Rheinischen Post" in Düsseldorf

In der Nacht gibt der Abteilungsleiter das **Startsignal.** Die mächtigen **Rotationsmaschinen** setzen sich in Bewegung, drucken, falzen und **sortieren** in Windeseile Tausende von Zeitungs-

exemplaren. Wenn die **Qualität** den Erwartungen nicht mehr entspricht, sind **Spezialisten** bei der Hand um den Druckvorgang gegebenenfalls zu **stoppen** und **Reparaturen** durchzuführen.

Am frühen Morgen setzen sich die Lieferwagen in Bewegung um die druckfrischen Zeitungen zu den verschiedenen Verteilungs**stationen** zu **transportieren.** Lange bevor sich die Sonne über den **Horizont** erhebt, sind Hunderte von Männern und Frauen auf den Beinen um das Neueste vom Tage auf die verschiedensten **Adressaten** zu verteilen. Wenn dann die Leser beim Frühstück sitzen, legt sich mancher Zeitungsausträger noch einmal aufs Ohr.

Häufig vorkommende Endungen

Viele *Fremdwörter* kannst du an ihren *Endungen* erkennen. Wenn du dir ein wenig Zeit nimmst Beispiele zu üben, dann wirst du kaum noch etwas falsch machen.

-ieren: spaz**ieren** halb**ieren** renov**ieren** stud**ieren** not**ieren** dikt**ieren** dos**ieren** sort**ieren** mass**ieren** pass**ieren** kass**ieren** dress**ieren**

-al: internation**al** vit**al** liber**al** lok**al** phänomen**al** sozi**al** tot**al** das Quart**al** das Lok**al** das Fan**al** das Sign**al**

-iv: akt**iv** pass**iv** mass**iv** posit**iv** negat**iv** das Arch**iv** das Mot**iv** der Infinit**iv** das Stat**iv**

-tion: die Na**tion** die Ak**tion** die Por**tion** die Organisa**tion** die Frak**tion** die Kau**tion** die Sensa**tion**

-ee: die All**ee** das Gel**ee** das Portmon**ee** das Variet**ee**

Fremdwörter sind an bestimmten Endungen zu erkennen.

Vielleicht gelingt es dir, zu jeder Gruppe noch ein paar Beispiele zu sammeln. Notiere sie in deinem Heft.

In dem folgenden Text sind Fremdwörter der unterschiedlichen Schreibung anzutreffen. Lass ihn dir diktieren oder übertrage ihn selbstständig in dein Heft.

Einige Notizen zur Luftfahrt

Das von dem Grafen Zeppelin **konstruierte** Luftschiff startete im Jahr 1900 zu seiner ersten Fahrt. Der **sensationelle** Erfolg wurde von **nationaler** Begeisterung begleitet. Endlich konnten sich die Menschen in die Luft erheben und zugleich ein bestimmtes Ziel ansteuern, wie es bei einem **Ballon** nicht möglich war.

Der Flug des LZ 4 brachte allerdings einen schlimmen Rückschlag. Das Luftschiff hatte eine **spektakuläre** Reise von Friedrichshafen nach Mainz zurückgelegt. Wegen eines **Motordefekts** musste es aber in der Nähe von Stuttgart vor Anker gehen. Dort wurde es von einer **massiven** Sturmbö losgerissen, fing Feuer und **explodierte.** Eine Zeitlang schien es so, als wenn das Lebenswerk des Grafen **total** vernichtet wäre. Seine **finanziellen** Mittel waren erschöpft. Er selbst betrachtete sich als **ruiniert.**

Das große Verkehrsluftschiff „Graf Zeppelin" während der Landung

Doch er hatte die Begeisterung für seine **fantastische** Erfindung unterschätzt. Überall in Deutschland fanden sich Männer und Frauen, die sich mit großem **Engagement** an die Arbeit machten um Spenden für ein neues Luftschiff zu sammeln.

Bis in die Dreißigerjahre wurden die **genialen zigarrenförmigen** Gebilde gebaut. Überall, wo sie auftauchten, erregten sie Bewunderung und Staunen.

Allerdings gab es inzwischen eine **Konkurrenz**, die sich auf Dauer **negativ** auf den Zeppelinbau auswirken musste. Am Anfang des Jahrhunderts war es den amerikanischen **Pionieren** Wright gelungen, eine **Flugmaschine** zu bauen, die auf Flügeln schwebte und durch einen Motor angetrieben wurde. Eine halbe **Generation** später waren Flugzeuge schon gar nicht mehr so selten. Der Erste Weltkrieg **markierte** hier einen wichtigen Entwicklungsschritt. Die **zivile** Luftfahrt und ihre den **Globus** umspannende **Organisation** entfaltete sich dann kurz vor dem Zweiten Weltkrieg und besonders **drastisch** nach Kriegsende.

Übung 7

In der folgenden Liste sind Fremdwörter aus verschiedenen Wissensbereichen durcheinander geraten. Sortiere sie in deinem Heft unter den Überschriften *Politik und Geschichte, Technik, Musik, Mathematik und Medizin.*

Solltest du einzelne Wörter nicht zuordnen können, musst du im Lexikon nachschlagen.

Ein Tipp: Zu jeder Gruppe gehören zehn Wörter.

Summe Sanitäter Faktor Attest Maschine Duett Demokratie
Ventil Hospital Addition Operette Apparat Diktatur Reformation
Ambulanz Multiplikation Sozialismus Computer Proportion
Medikament Division Ingenieur Note Orchester Präsident Pakt
Kanon Rezept Summand Chirurg Musical Montage Apotheke
Parallele Sinfonie Konstruktion Komponist Revolution Äther
Subtraktion Technologie Oper Patent Parlament Republik Internist
Dividend Antike Sonate Fabrikation

MANCHMAL GEHTS NUR STÜCKWEISE

Silbentrennung

Beim Schreiben bleibt es nicht aus, dass du die Wörter am Ende der Zeile trennen musst. In den meisten Fällen ist diese Trennung leicht durchzuführen, da die Wörter im Allgemeinen in die Teile zerlegt werden, die sich beim bewussten, langsamen Sprechen ergeben. Hier und da kann es jedoch auch schwierig werden.
Bei Fremdwörtern gibt es manchmal mehrere Möglichkeiten. Im Zweifelsfall solltest du in einem Rechtschreibwörterbuch nachschauen oder die Trennung vermeiden.

Hier folgen nun einige Beispiele für die besagte Trennung nach Sprechsilben:

Auf das Sprechen kommt es an!

ba-den ste-hen *(Das h bleibt stumm.)* sä-en Was-ser Kat-ze
Ap-fel Wan-de-rung Holz-haus Schiff-fahrts-ge-sell-schaft

Du bist schon ein gutes Stück voran, wenn du die einzelnen Silben beim lauten Lesen hören kannst.

Übung 1

Versuchs einmal mit diesen Wörtern. Wahrscheinlich fällt dir die richtige Trennung nicht schwer.

Stube Höhe kauen hassen glotzen Strümpfe Laderampe Pressluftbohrer verwalten Erinnerung

Die Trennungsregeln im Überblick

1. Ein **einzelner Konsonant** kommt auf die nächste Zeile:

Ra-**s**en Blü-**t**e be-**w**e-**g**en se-**h**en wa-**r**um

Einzelkonsonant …

2. Bei **mehreren Konsonanten** kommt der letzte auf die nächste Zeile:

Mor-**g**en Stüh-**l**e las-**s**en ent-**k**al-**k**en Kas-**t**en

… und mehrere Konsonanten

ss wird **getrennt**:

Küs-**s**e mes-**s**en ver-schlos-**s**en Klas-**s**e

Das gilt auch für **pf** und **tz**:

Köp-**f**e rup-**f**en ver-stop-**f**en ver-put-**z**en

ss, pf und tz

3. Wenn **kein Konsonant** vorhanden ist, kommt ein Vokal auf die neue Zeile:

Bau-**er** freu-**en** fei-**er**n Neu-**ig**-kei-ten

Kein Konsonant zwischen Vokalen

4. Zusammengesetzte Wörter werden in ihre Bestandteile zerlegt:

Ast-loch Ei-gelb ess-bar ängst-lich ein-kau-fen

Wortzusammensetzungen

5. Doppellaute können bei Bedarf abgetrennt werden:

Ei-fer **Eu**-le **äu**-ßer-lich **ei**-gen

Das gilt auch für **Einzelvokale** – aber nicht am Wortende:

E-sel **U**-fer po-**e**-tisch

Doppellaute und einzelne Vokale

6. ck wird nicht getrennt:

we-**ck**en Glo-**ck**e Zu-**ck**er

ck bleibt ck

7. Achtung: **ß** wird **nicht** in ss zerlegt!

Stra-**ß**e hei-**ß**en ru-**ß**ig

ß bleibt unverändert

▪ Übung 2 ▪

Die folgenden Wörter sind in der Reihenfolge der sieben Regeln angeordnet. Trenne entsprechend.

1. Gabel Mosel leben faulig
2. Kurve vergessen Karpfen Glatze Befestigung Eistanz
3. Geier verhauen anfeuern sauer
4. Hauswirt Leberwurst kostbar wetterfest
5. Eisen Auge veräußern edel Abend
6. Bäcker Leckerbissen erschrecken flockig
7. Größe erschießen mäßig gefräßig

Übung 3

Jetzt gehts noch einmal darum, das Gelernte anzuwenden. Aber keine Angst! Du darfst die *Regeln 1 bis 7* benutzen. Wichtig ist, dass du den jeweiligen Fall richtig zuordnen kannst.
Zeichne eine Tabelle in dein Heft und trage die zu trennenden Wörter in die sieben Spalten ein.

1. La-den	2. Gar-ten	3. Mau-er	4. Orts-schild
			An-kunft

5. Au-ge	6. Zu-cker	7. Grü-ße

Kabel Messer Bauwerk äußern locken Auto reißen büßen gießen wacker Euter Holzhaus lauern kauen Hopfen Stäbe Fahrbahnrand Eimer Schnecke halten sehen sauer Glatze Muster eisig Bäcker Eintopf rufen Runde Leier Mondschein Asien Rücken Füße ließen erneuern glühen hauen Möwe essbar Brücke Maße

Wenn du es richtig gemacht hast, dann stehen in jeder Spalte *sechs* Wörter. Vergleiche deine Zuordnung mit der Lösung auf Seite 154.

Fremdwörter

Wie schon gesagt: **Fremdwörter** gehorchen oft eigenen Gesetzen. Hier sind manchmal mehrere Möglichkeiten zulässig.

Bi-blio-thek Pro-blem in-ter-es-sant
oder: Bib-li-o-thek Prob-lem in-te-res-sant

Und nun zur Abwechslung wieder einmal eine kleine Geschichte, die du dir diktieren lassen kannst. Jetzt hast du ja auch keine Angst mehr vor dem Trennen am Ende der Zeile.

Das billige Mittagessen

Zum Löwenwirt kam ein wohlgekleideter Gast. Kurz und trotzig verlangte er für sein Geld eine gute Fleischsuppe. Hierauf forderte er auch ein Stück Rindfleisch und Gemüse für sein Geld. Der Wirt fragte ganz höflich, ob er nicht auch ein Glas Wein haben wolle. „Freilich ja", erwiderte der Gast, „wenn ich für *mein Geld* etwas haben kann."

Nachdem er sich alles wohl hatte schmecken lassen, zog er einen abgeschliffenen Sechser aus der Tasche und sagte: „Hier, Herr Wirt, ist *mein Geld.*"

Der Wirt entgegnete: „Was soll das heißen? Sind Sie mir nicht einen Taler schuldig?"

Der Gast darauf: „Ich habe nicht für einen Taler Speise von Ihnen verlangt, sondern für *mein Geld.* Hier ist *mein Geld.* Mehr habe ich nicht. Haben Sie mir zu viel dafür gegeben, so ist es Ihre Schuld."

(nach Johann Peter Hebel)

Notiere alle Fehler in deinem Heft. Lies dir die verbesserten Wörter (du erinnerst dich: dreimal schreiben) am nächsten Tag noch einmal durch:
Hast du darauf geachtet, dass die Anführungszeichen richtig gesetzt sind? Sind die Anredefürwörter richtig geschrieben?

Sind **Sie** mir nicht einen Taler schuldig?
Haben **Sie** mir zu viel gegeben, so ist es **Ihre** Schuld.

Häufige Fehlerquellen

Zuletzt noch einige Fälle, die besonders häufig falsch geschrieben werden. Achte gegebenenfalls auf Wortzusammensetzungen.

Albrecht Dürer war der **bedeutendste** deutsche Maler seiner Zeit.
(bedeutend/ste)
Dieses Waschmittel garantiert Ihnen das **strahlendste** Weiß.
(strahlend/ste)

Der Überfall wurde mit verabscheuenswürdiger **Rohheit** ausgeführt.
Seine **Hoheit** lassen bitten! (!)

Wann wurde dieses **Betttuch** zum letztenmal gewechselt?
(Bett/tuch)

An den Küchenmöbeln setzen sich mit der Zeit winzig kleine **Fetttröpfchen** ab.
(Fett/tröpfchen)

Im Aquarium ist ein **Seeelefant (See-Elefant)** zu besichtigen.
(See/elefant oder See/Elefant)

Abschließend einige Fremdwörter:

Der Artist und seine **Assistentin** betraten die Bühne.
Die beiden Hälften des Dreiecks sind **symmetrisch.**
Parallele Geraden schneiden sich nicht.
Du hast vergessen die Heftseiten zu **nummerieren!**
In welchem **Numerus** steht diese Verbform, im Singular oder im Plural?

AM ANFANG GIBT ES KEINE PROBLEME

Groß oder klein?

Substantive und Satzanfänge: groß

1. Die Grundregel: **Satzanfänge** und **Substantive** werden im Deutschen **groß**geschrieben.

Der Tiger brüllt in der Nacht.
Wann gehen wir in die Stadt?
Von Bismarck wurde der erste Reichskanzler.
(Ausnahmsweise schreibt man klein, wenn der Satz mit einem Apostroph anfängt:
's hat geregnet.)

Peter sagte: „**H**eute wird das Wetter schön."
Wir sahen, was wir längst ahnten: **D**er Lebensmittelladen war bereits geschlossen.

Groß nach Doppelpunkt, wenn ein Satz folgt

2. Bei den letzten beiden Beispielen folgt **nach dem Doppelpunkt** ein selbstständiger Satz. Er beginnt **groß.**

Klein nach Semikolon

3. **Nach dem Semikolon** (Strichpunkt) wird jedoch **klein**geschrieben:

Die Mädchen hüteten das Feuer**; d**ie Jungen rührten den Teig.

Substantive

Du weißt sicher, wie du *Substantive* erkennen kannst. Sie lassen sich mit einem (bestimmten oder unbestimmten) *Artikel* verbinden:

der/ein Hund **die/eine K**ammer **das/ein G**edicht

Bei solchen Wörtern wirst du kaum Fehler machen.

Als Substantive gebrauchte Wörter

Schwieriger wirds schon, wenn die *Substantive aus anderen Wortarten* gebildet werden:

Hier ist besondere Aufmerksamkeit geboten.

1. **Substantive aus Verben** (Zeitwörtern):

Haltet bitte den Mund **beim Essen.**
Dein Kichern stört mich.

essen → **das E**ssen kichern → **das K**ichern

2. **Substantive aus Adjektiven** (Eigenschaftswörtern):

Das Schwarze gefällt mir an dir sehr gut.
Die Kranken brauchen unbedingt Ruhe.

schwarz → **das S**chwarze
krank → **der K**ranke, **die K**ranken

3. **Substantive aus Partizipien** (Mittelwörtern):

Die Überlebenden wurden von einem Fischerboot gerettet.
Das Gebratene bekommt mir nicht.

überlebend → **der Ü**berlebende, **die Ü**berlebenden
gebraten → **das G**ebratene

(Zur Erinnerung: Im ersten Fall handelt es sich um ein *Partizip I,* abgeleitet vom Infinitiv. Der zweite Beispielsatz enthält ein *Partizip II,* das aus der Präteritumform gebildet wurde.)

4. Substantive aus Numeralien (Zahlwörtern):

Für die Versetzung brauche ich **eine Zwei.**
Der Zaunpfahl steht da wie **eine Eins.**

zwei → **die Z**wei   eins → **die E**ins

5. Substantive aus Pronomina (Fürwörtern):

Mein Arbeitskollege hat mir heute **das Du** angeboten.
Mein anderes **Ich** hat keine Lust zum Arbeiten.

du → **das D**u
ich → **das I**ch

6. Substantive aus anderen Wortarten:

Dein Ja zu diesem Vorschlag hat mich überrascht.
Das ewige **Hin** und **Her** macht mich wahnsinnig.
Im Jenseits sehen wir uns wieder.

ja → **das J**a
hin und her → **das H**in und **H**er
jenseits → **das J**enseits

▪ Übung 1 ▪

... und nun die Probe

Wie siehts bei den folgenden Sätzen aus: Ist groß oder klein zu schreiben? Entscheide und übertrage die Sätze in dein Heft.

Ich kann diese Aufgabe nicht (r)echnen.
Beim (r)echnen darf mich niemand stören.

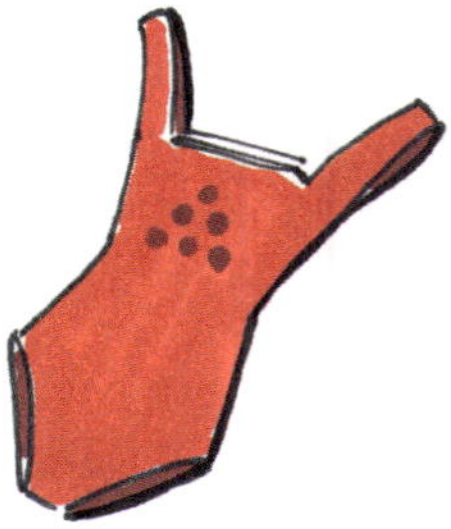

Bei schönem Wetter gehen Carmen und ich zum (b)aden.
Die Amseln (b)aden sich mit großem Vergnügen in der Vogeltränke.

Von Frankreich her zieht ein kräftiges (h)och nach Süddeutschland.
Mit etwas mehr Glück hätte die Nationalmannschaft (h)och gewonnen.

Der Blick des Wanderers verlor sich in der (f)erne.
Von (f)erne konnten wir den Turm auf der Bergspitze erkennen.

Der Riese stellte sich (s)chlafend.
Der (s)chlafende träumte von einer schönen Fee.

Ein Krankenwagen brachte den (v)erletzten in die Klinik.
Ich zeigte dem Arzt meinen beim Sturz (v)erletzten Arm.

Sie gewinnen, wenn Sie dreimal die (s)echs würfeln.
Seit wann redest du mich mit dem (s)ie an?
Die Angelegenheit auf dem Polizeirevier war im (n)u erledigt.
Durch dein ewiges (n)ein machst du dich nur unglaubwürdig.

Alle substantivierten, zu Substantiven umgeformten Wörter lassen sich mit den Artikeln *der, die, das* verbinden.
Wie du an den genannten Beispielen erkennen kannst, ist der Artikel manchmal in einem anderen Wort „versteckt“:

Vorsicht: Der Artikel kann „versteckt“ sein.

am (an **dem**) Schnarchen
ans (an **das**) Nachdenken
aufs (auf **das**) Betteln
beim (bei **dem**) Essen
im (in **dem**) Grünen
ins (in **das**) Dunkle
zum (zu **dem**) Wasserfall

Großschreibung nach Mengenbezeichnungen

Mengenbezeichnungen

Hinweise auf die Großschreibung geben auch die so genannten *Mengenbezeichnungen:*

alles Wertvolle	**nichts Gutes**
etwas Schönes	**viel Lächerliches**
manches Neue	**wenig Verwertbares**

Wenn du zusätzlich üben willst, kannst du je fünf Sätze mit den auf Seite 85 genannten Präpositionen und den hier angegebenen Mengenbezeichnungen bilden. Vergiss die Großschreibung nicht:

Als die Erde bebte, hasteten die Bewohner des Hochhauses erschrocken **ins Freie.**
Im ganzen Haus war **nichts Essbares** zu finden.

DIKTAT 15

Allerlei Substantive im Textzusammenhang

Schwierig ist es nicht, die Substantive richtig zu schreiben. Du musst allerdings aufpassen, dass du sie nicht einfach überhörst oder übersiehst. Probiers doch einmal mit diesem einfachen Text:

Radwandern macht Spaß

Am **Pfingstmontag** hatten sich unsere **Eltern** etwas **Schönes** ausgedacht. Wir wollten gemeinsam eine **Radtour** zu dem in der **Nähe** gelegenen **Aussichtsturm** unternehmen. Als **Mutter** uns durch einen lauten, fröhlichen **Ruf** zum **Aufstehen** aufforderte, waren wir im **Nu** auf den **Beinen.** Wir wuschen uns hastig, zogen uns an und versammelten uns im **Eßzimmer** um etwas **Kräftiges** zu uns zu nehmen.

Der **Ausflug** begann eine halbe **Stunde** später. Mit großer **Begeisterung** eilten wir unserem **Ziel**, das aus dem **Dunkel** des **Waldes** aufragte, entgegen. Als wir vor **Anstrengung** ein wenig ermüdet waren und uns beim **Schwitzen** erwischten, machten wir eine kurze **Rast.** Doch bald ging es wieder weiter. Wir genossen die **Kühle** und das **Singen** der **Vögel.**

Nach knapp zwei **Stunden** standen wir in dem grasbewachsenen **Rund** der **Waldwiese,** über dem sich der **Turm** erhob. Obwohl uns die **Knie** ein wenig zitterten und wir vor allem ans **Essen** und **Trinken** dachten, polterten wir die steile **Treppe** hinauf, kletterten auf die **Plattform** und blickten gespannt in die **Ferne.** Die **Sicht** war so klar, dass wir unser **Städtchen** und sogar den **Kirchturm** gut erkennen konnten. Das **Fragen** und **Staunen** dauerte lange. Doch dann meldete sich wieder der **Hunger** und wir begannen den **Abstieg.**

Unten am **Grillplatz** entzündeten wir im **Handumdrehen** ein **Feuer.** Als es richtig brannte, packten wir unsere **Verpflegung** aus, steckten die mitgebrachten **Bratwürste** an lange **Spieße** und brieten sie in der **Hitze.** Bald konnten wir das **Angenehme** mit dem **Nützlichen** verbinden: Unser **Proviant** schmeckte himmlisch!

Solltest du die gekennzeichneten Wörter falsch geschrieben haben, musst du dir überlegen, weshalb sie als Substantive zu betrachten sind:

Prüfe, ob du einen Artikel einsetzen kannst.

etwas Schönes – das Schöne
zum Aufstehen – das Aufstehen

Endsilben -heit, -keit, -nis, -tum, -ung

Im Diktat von Seite 86/87 bist du bereits Wortbeispielen mit der Endung *-ung* begegnet:

die Begeister**ung** die Anstreng**ung** die Verpfleg**ung**

An der Endsilbe erkennbar: ein Substantiv

Gelegentlich kannst du die Wortart an der *Endung* erkennen. Wörter mit **-heit, -keit, -nis, -tum** und **-ung** sind **Substantive.**

die Gesund**heit**	die Zufrieden**heit**
die Heiter**keit**	die Müdig**keit**
das Ereig**nis**	die Finster**nis**
das Eigen**tum**	der Reich**tum**
die Erweiter**ung**	die Förder**ung**

▪ Übung 2 ▪

Schreibe diese Sätze ab und ergänze ein Substantiv mit einer der oben genannten Endsilben:

Das ... des Verstorbenen findet am Donnerstag auf dem Zentralfriedhof statt.
Jeder Aufsatz sollte mit einer kurzen ... beginnen.
Die Tore des Schlossparks werden bei Anbruch der ... geschlossen.
Bei den Lohnverhandlungen konnte keine ... zwischen den Unternehmern und den Vertretern der Gewerkschaften erzielt werden.
Bonifatius fällte eigenhändig einen uralten Baum, der von den Germanen als ... verehrt wurde.
Mit unglaublicher ... wirbelte der Jongleur die Keulen durch die Luft.
In den letzten Spielminuten geriet der Torwart noch einmal in arge ...
Wie kommst du bloß auf diese seltsame Idee? Das alles existiert doch nur in deiner ...
Nutze die ..., sie kommt so schnell nicht wieder!

Übung 3

In dieser Aufgabe sind noch einmal unterschiedliche Fälle zur Großschreibung zusammengemischt. Lass dir die Sätze diktieren oder schreibe sie ab.

Die **Erwartungen** des Publikums wurden weit übertroffen.
In unserer **Umgebung** gibt es keinen einzigen Lebensmittelladen.
Der Gesundheitszustand des Ministers gibt zu großer **Besorgnis** Anlass.
Die Läufer müssen sechs unterschiedlich schwierige **Hindernisse** überwinden.
Die **Sauberkeit** der Hotelzimmer ist tadellos.
Wir hoffen, dass alle unsere Geschäftsfreunde die **Notwendigkeit** der **Preiserhöhung** verstehen.
Deine **Schüchternheit** lässt sich nur durch Selbstvertrauen überwinden.
Die heimischen Orchideen sind wegen ihrer **Seltenheit** geschützt.
Sein Ruhestand war von dauerndem **Siechtum** überschattet.

Heute treffen wir uns mit Onkel Martin zum **Essen.**
Beim **Bergsteigen** ist äußerste Vorsicht geboten.
Durch ständiges **Jammern** und **Klagen** lässt sich das Problem nicht aus der Welt schaffen.
Das **Dunkelblau** steht dir sehr gut.
Hast du etwas **Verdächtiges** beobachtet?
Der **Bestohlene** erstattete Anzeige bei der Polizei.
Mit einer **Fünf** in Englisch werde ich nicht versetzt.
Du bist die größte **Null,** die ich kenne.
Bei den Verkaufszahlen verwirrt das ständige **Auf** und **Ab.**
Das **Hier** und **Jetzt** interessiert mich überhaupt nicht!

Sonderfälle, die du dir einprägen musst

In aller Regel ist das Substantiv am Artikel erkennbar. Wörter, die sich mit *der, die, das* verbinden lassen, sind großzuschreiben.

der Fels **die F**reiheit **das F**eiern **die B**londe **das N**ein

Das gilt auch für Zusammensetzungen, in denen nichtsubstantivische Bestandteile enthalten sind:

der **T**rimm-dich-Pfad der **O**hne-mich-Standpunkt
das **I**n-den-Tag-hinein-Leben das **A**m-Hungertuch-Nagen
(Das **L**eben, das **N**agen – *das Verb ist folglich großzuschreiben.*)

Zusammensetzung mit Abkürzung: klein!

Bei **Zusammensetzungen mit Abkürzungen oder zitierten Wortformen** ist allerdings am Anfang kleinzuschreiben:

km-Zahl, **x**-Achse, **i**-Punkt

Bei manchen Wörtern stellt sich freilich die Frage, ob es sich dabei um echte Substantive handelt. Großgeschrieben werden Wendungen der folgenden Art:

im **A**llgemeinen im **F**olgenden im **G**roßen und **G**anzen
nicht im **G**eringsten im **E**inzelnen im **Ü**brigen im **V**oraus
in **B**ezug auf alles **S**onstige im **S**tillen im **W**esentlichen

Verwende die genannten Wortgruppen in Beispielsätzen:

Ich möchte im Folgenden meine Auffassung darlegen.

■ Übung 4 ■

Verwende bei ähnlichen Fällen ein Nachschlagewerk, wenn du unsicher bist:

Das Fußballturnier wurde von den einzelnen Klassen aufs (b)este vorbereitet.
Aufs (e)indringlichste möchte ich Sie vor einem Prozess warnen.
Deine Auskunft reicht fürs (e)rste.
Alle seine Bemühungen laufen aufs (g)leiche hinaus.
Dein Vorwurf hat mich nicht im (m)indesten beeindruckt.
Wir können im (g)anzen gesehen mit dem letzten Geschäftsjahr zufrieden sein.
Ich möchte dir im (g)uten einen Rat geben.

Großgeschrieben werden auch bestimmte **Adjektive, die als Substantive verstanden werden können.** Schreibe die Sätze ab und unterstreiche die betreffenden Wortgruppen:

Das neue Würfelspiel ist für Jung und Alt zu empfehlen.
An den Karnevalsfeiern in Rio beteiligen sich Arm und Reich.
In unserem Geschäft finden Sie Angebote für Groß und Klein.

Schwierigkeiten tauchen immer wieder bei bestimmten **Zeitangaben** auf. Diese Fälle wirst du kaum falsch schreiben:

gestern heute morgen übermorgen

gestern, heute: klein!

Hier handelt es sich um Adverbien, welche die Zeit angeben. – Aber die Liste lässt sich noch erweitern:

morgens abends freitags sonntags werktags

Klar sind auch die Substantive dazu, weil der Artikel beim Schreiben hilft:

der Morgen am (an dem) Freitag jeden Sonntagmorgen

Der Artikel hilft!

Nach den Adverbien *vorgestern, gestern, heute, morgen, übermorgen* werden die **Angaben von Tageszeiten** groß geschrieben:

vorgestern Mittag, heute Morgen, übermorgen Nachmittag

Übung 5

Probiere einmal, ob du das Erlernte richtig anwenden kannst. Noch ist es nicht verboten nachzuschauen. Selbstverständlich findest du die richtige Schreibung auch bei den Lösungen.

Wir besichtigen (ü)bermorgen den Leuchtturm.
Können Sie mich (h)eute noch anrufen?
Am (s)amstagabend zeigen wir einen Film über Australien.
Der Parkplatz ist (w)erktags für unsere Belegschaftsmitglieder reserviert.
Leider habe ich heute (m)orgen verschlafen.
Seit gestern (a)bend streikt unser Fernsehapparat.
Die Technik-Arbeitsgemeinschaft fällt morgen (n)achmittag aus.

Bislang war vor allem von der Großschreibung die Rede. Immer noch gibt es aber Ausnahmen, die besondere Aufmerksamkeit fordern:

Substantive als Adjektive: klein!

Dazu gehören ursprüngliche **Substantive**, die in Verbindung mit *sein, bleiben* und *werden* als **Adjektive** verwendet werden:

angst bange gram leid schuld

Jenny hat **A**ngst vor dem schwarzen Mann.
Wenn ich ihn sehe, wird mir **a**ngst und **b**ange.
Durch meine **S**chuld kam der Elfmeter zustande.
Peter ist **s**chuld an unserer Niederlage.

Gleiches gilt auch für diese ursprünglichen Substantive:

recht unrecht ernst wert

Das ist mein gutes Recht!
Euer Anliegen ist unrecht.
Ist dir deine Frage ernst?
Unsere Bemühungen sind nicht der Rede wert.

Klein geschrieben werden auch **„verblasste Substantive"**, z. B.:

dank kraft statt um … willen zeit

Ist das der Dank für meine Hilfe?
Du bist dank meiner Hilfe schneller fertig geworden.
(durch meine Hilfe)
Ich muss Sie kraft meines Amtes festnehmen.
Wir fahren nach Ludwigshafen statt nach Mannheim.
Um des lieben Friedens willen halte ich meinen Mund.
Ich werde dich zeit meines Lebens nicht vergessen.

Verblasste Substantive: klein!

Zum Abschluss noch einige **vermischte Fälle.** Sicher ist es gut, wenn du ähnliche Beispiele notierst um dir die Schreibung einzuprägen:

1. *die Höchstform bei der Steigerung des Adjektivs (Superlativ):*
am höchsten – Dieser Schornstein ist am höchsten. (wie?)
am besten – Das Schokoladeneis schmeckt am besten. (wie?)

Superlativ: klein!

2. *vergleichbare Fälle:*
Wir möchten Sie aufs herzlichste begrüßen. *(wie? – am herzlichsten)*
Hier werden Sie aufs beste bedient. – *(wie? – am besten)*

Auch richtig: aufs Herzlichste, aufs Beste

3. *unfest zusammengesetzte Verben:*
teilnehmen – Wir nehmen an der Eröffnung teil.
preisgeben – Meine Ansprüche gebe ich nicht preis.

4. *Zahlwörter:*
eins hundert vierhundertsiebenundzwanzig *(aber:* eine Million)
einmal zweimal tausendmal *(wie:* diesmal, manchmal)
(aber: zum ersten Mal, das letzte Mal, manches Mal)

Der folgende Text wird dir Spaß machen – auch wenn er eine Reihe von Fallen enthält. Denke sorgfältig nach, wenn du schreibst, und korrigiere deine Fehler gründlich.

Münchhausen im Magen eines Wals

Einst war ich in großer Gefahr im Mittelmeer das **Zeitliche** zu segnen. Ich befand mich zum **Baden** am Strand, entfernte mich aber immer mehr in die offene See. Plötzlich schoss ein großer Fisch mit weit aufgerissenem Maul auf mich zu. Ein **Entkommen** war unmöglich. Im **Nu** hatte er mich verschluckt und ich schlüpfte zwischen den Kiefern hindurch in das **Dunkel** des Magens. Hier herrschte vollständige **Finsternis,** aber auch behagliche **Wärme.**

Ich wußte **dank** meiner **Klugheit** Rat. Durch **Hüpfen** und **Hopsen** beunruhigte ich ihn so, dass ihm **Hören** und **Sehen** verging. Als er sich ein **wenig** in die **Höhe** hob, wurde er von der **Besatzung** eines italienischen Schiffes entdeckt und bald mit Harpunen erlegt.

Im **Inneren** des Tieres hörte ich ihre **Beratungen.** Da ich **Italienisch** besser als mancher **andere** verstand, geriet ich in schreckliche **Angst.** Sie wollten das Tier so zerstückeln, dass sie möglichst viel Öl gewinnen konnten. Jeder **Einzelne** dachte an seinen **Gewinn;** sie **alle** waren voller Habsucht.

Bald konnte ich deutlich hören, wie sie Fettschicht um Fettschicht mit sicheren **Schnitten** abhoben. Durch die immer dünner werdende Bauchwand sah ich Licht schimmern. Mir schien es am **besten** zu sein, wenn ich durch **Rufen** auf mich aufmerksam machte. Als ich die Herren aufs **höflichste**/aufs **Höflichste** begrüßte, fuhren sie vor **Erstaunen** zusammen. Als **Erster** fand der Kapitän zur **Gelassenheit** zurück. Er wunderte sich zwar, als er mich in meiner ganzen **Größe** in der Badehose erblickte, hieß mich aber dennoch an Bord herzlich willkommen.

Wale erkennst du an der waagrecht gestellten Schwanzflosse.

Nun, hast du alle Schwierigkeiten gemeistert? Wenn du bei den gekennzeichneten Wörtern mehr als *sechs Fehler* gemacht hast, dann solltest du dir dieses Diktat nach ein paar Tagen noch einmal vornehmen.

Im Übrigen verdienen natürlich auch alle anderen Fehler deine Aufmerksamkeit. Berichtige sie in der üblichen Weise und versuche die richtige Schreibung zu begründen. Zur Erinnerung einige Stichwörter: Substantive mit bestimmten Endungen, Verben und andere Wortarten, die als Substantive gebraucht werden, unechte und verblasste Substantive … Solltest du dich noch unsicher fühlen, wiederhole die Seiten 82 bis 93.

Eigennamen

Hier gehts um etwas Besonderes.

Eigennamen bezeichnen etwas **Besonderes, Einmaliges.** Um das hervorzuheben werden Wörter, die sonst kleinzuschreiben sind, **groß**geschrieben:

der **G**roße Bär *(Sternbild am Himmel)*
der **W**estfälische Friede (1648)
der **D**eutsche Gewerkschaftsbund
die **K**önigliche Porzellanmanufaktur
der **G**roße Kurfürst
der Gasthof „**Z**um Wasserturm"
die Dorfschenke „**A**lter Fritz"
der **Z**weite Weltkrieg

Verkehrt auf Rügen: der „Rasende Roland"

Sicher kannst du die Liste ohne allzu große Mühe durch weitere Beispiele ergänzen:

die Olympischen Spiele
der „Rasende Roland" *(Schmalspurbahn auf der Insel Rügen)* ...

Alle erdkundlichen Eigennamen schreibst du groß.

1. Zu den Eigennamen gehören auch **erdkundliche Bezeichnungen,** die Einmaliges betreffen:

die **S**chwäbische Alb das **R**ote Meer
der **S**tille Ozean der **B**ayerische Wald

Bei Endung -er immer groß

2. Von **erdkundlichen Begriffen abgeleitete Wörter auf -er** sind **stets groß**zuschreiben:

die **L**üneburger Heide *(Eigenname)*
die **L**üneburger Bürger *(kein Eigenname)*
das **S**chweizer Jura *(Eigenname)*
der **S**chweizer Käse *(kein Eigenname)*
das **P**ariser Becken *(Eigenname)*
die **P**ariser Verkehrspolizisten *(kein Eigenname)*

3. Dagegen sind **Wörter auf -isch,** die von erdkundlichen Bezeichnungen abgeleitet sind, **nur dann groß**zuschreiben, **wenn sie Teil eines Eigennamens sind:**

das **R**heinische Schiefergebirge *(Eigenname)*
die **r**heinische Lebensart *(kein Eigenname)*
die **B**ayerische Vereinsbank *(Eigenname)*
das **b**ayerische Bier *(kein Eigenname)*
der **W**estfälische Frieden *(Eigenname)*
der **w**estfälische Schinken *(kein Eigenname)*

Bei Endung -isch groß oder klein

Übung 6

Das ist für den Augenblick vielleicht etwas zu viel. Aber du kannst ja an Beispielen üben.

Überlege genau, ob und gegebenenfalls warum großzuschreiben ist.

Durch die (b)urgundische Pforte führen wichtige Verkehrswege nach Frankreich.
Die (b)urgundischen Weine gehören zu den besten der Erde.
Der (d)eutsche Fußballbund ermahnte die Spieler zu sportlicher Fairness.
Viele (d)eutsche Touristen fahren im Sommer nach Dänemark.
Prag ist die Hauptstadt der (t)schechischen Republik.
Überall in der Welt sind (t)schechische Glaswaren begehrt.
Die (f)rankfurter Jugendlichen versammelten sich zu einem großen Rockkonzert unter freiem Himmel.
Ein Streik der (b)erliner Verkehrsbetriebe konnte abgewendet werden.
Der (s)traßburger Wurstsalat schmeckt vorzüglich.
Die (n)ürnberger Marktfrauen sind wegen ihrer schlagfertigen Antworten bekannt.
Die (c)hristlich-(d)emokratische Union und die (f)reie (d)emokratische Partei verhandelten über die Bildung einer gemeinsamen Regierung.
Heute Abend treffen wir uns im „(r)oten Ochsen".
Liest du den „(k)ölner Stadt-Anzeiger" oder die „(k)ölnische Rundschau"?
Schiller schrieb als junger Mann sein erstes Stück: „(d)ie Räuber".
Kennst du das Lied „(i)ch bin nur ein armer Wandergesell"?

Die Anrede

Höflichkeits-anrede „Sie": immer groß

1. Die **Höflichkeitsanrede „Sie"** wird **immer groß**geschrieben. Das gilt auch für das besitzanzeigende Pronomen **„Ihr"**.

> Können **Sie** sich an meinen Brief erinnern?
> Ich habe lange auf **Ihre** Antwort gewartet.

„du" und „dein": immer klein

2. Die Anredefürwörter **„du"** und **„dein"**, **„ihr"** und **„euer"** werden immer **klein**geschrieben.

> Hast **du** die Streichhölzer vergessen? Es ist **dein** Fehler.
> Seid **ihr** schon müde? Ich hätte **euren** Eifer höher eingeschätzt.

Beachte den Unterschied:

> Lieber Peter,
>
> wenn **du** während **deines** Urlaubs nach Gera kommst, dann musst **du** uns unbedingt besuchen. Ich habe **dich** schon ein paarmal eingeladen und wäre **dir** böse, wenn **du** uns wieder vergessen würdest ...
>
> Sehr geehrter Herr Doktor Lindenmeyer,
>
> für **Ihr** Schreiben danke ich **Ihnen** sehr. Sie teilen uns mit, dass **Sie** unseren Versuch tatkräftig unterstützen möchten ...

DIKTAT 17

Und nun kannst du deine Kenntnisse an einem Brief überprüfen. Lass ihn dir diktieren oder schreibe ihn ab.

Ein Brief als Diktat

Hallo Sandra,

nach langer Zeit will (i)ch (d)ir wieder einmal ein paar Zeilen schreiben. Irgendwie haben (w)ir (u)ns aus den Augen verloren. Das ist sehr traurig, weil (i)ch (m)ich gern an (u)nseren gemeinsamen Aufenthalt in England erinnere. Dort haben (w)ir viel gesehen und (u)ns prächtig verstanden.
Wie geht es (d)ir? Hast (d)u inzwischen mit dem Reiten angefangen, wie es (d)eine Absicht war?
Von (m)einer Tante Carola habe (i)ch zum Geburtstag zweihundertfünfzig Mark erhalten. Du kannst (d)ir sicher denken, wie sehr (i)ch mich gefreut habe. Jetzt kann (i)ch (m)ir einen Wunsch erfüllen, über den (d)u und (i)ch schon einmal gesprochen haben: Hättest (d)u nicht Lust mit (m)ir für zwei Wochen nach Dänemark in ein Jugendcamp zu fahren? Gern kannst (d)u (d)ir die Sache noch einmal überlegen. Über eine zustimmende Antwort wäre (i)ch sehr glücklich.

Herzliche Grüße
(d)eine Barbara

Achte vor allem auf die Anredefürwörter!

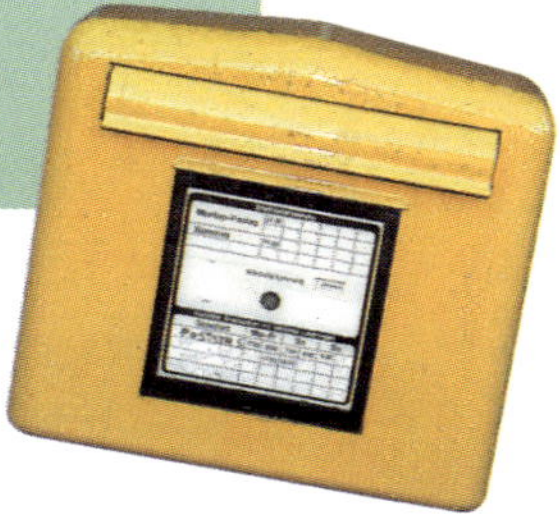

Übung 7

Schreibe auch diesen Brief.

Sehr geehrte Frau Müller,

vorige Woche haben (s)ie in der Volkshochschule über (i)hre Reise durch Java gesprochen. Diesen Vortrag fanden (i)ch und (u)nsere Kinder außerordentlich interessant. Heute möchte (i)ch nun anfragen, ob (s)ie (i)hre Erlebnisse bereits in Buchform veröffentlicht haben. Wir wären (i)hnen gegebenenfalls für genauere Angaben dazu sehr dankbar.

Mit freundlichen Grüßen
Silvia Gerber

Andere Fehlerquellen

1. Nach wie vor stiften **Pronomina und Zahlwörter** beim Schreiben Verwirrung. Sicher ist es nicht besonders sinnvoll, komplizierte Regeln zu formulieren und auswendig zu lernen. Hier hilft stetige Übung weiter:

Pronomina und Zahladjektive klein

jeder, mancher, alles

An diesem Spiel kann sich jeder beteiligen. –
Hier ist ein jeder herzlich willkommen.
An dieser Aufgabe hat sich schon mancher versucht. –
Wir haben schon manches erlebt.
Ihr könnt dies alles mitnehmen!

der (die, das) eine, der (die, das) andere, das meiste

Möchte einer (jemand) noch etwas sagen? – Sie ist eine von uns.
Diesmal ist ein anderer an der Reihe. –
Ich habe allerlei anderes erledigt.

Ganz selten gibt es hier Ausnahmen, insbesondere dann, wenn das betreffende Wort deutlich als Substantiv zu erkennen ist:

Du bist mein Ein und Alles! Der Dichter Hölderlin war stets auf der Suche nach dem Anderen (einer anderen Welt).

Bilde mit jedem der genannten Wörter zwei Beispielsätze. Unterstreiche die Kleinschreibung.

Paar/paar – wie ist es gemeint?

2. ein paar – ein Paar, ein bisschen, ein wenig

Ich brauche ein paar Heftzwecken. *(ein paar = einige)*
Gestern habe ich mir ein Paar Schuhe gekauft.
Klara und Johannes sind ein unzertrennliches Paar.
(ein Paar = zwei zusammengehörige Stücke oder Personen)
Gib mir ein bisschen Pudding. *(ein bisschen = etwas)*
Lass mich ein wenig ausruhen *(ein wenig = ein bisschen, etwas)*

Übung 8

Wie ists richtig? Schreibe die Übungssätze in dein Heft.

Über diesen Fall könnte ich (m)anches erzählen!
Wir glauben dir (a)lles.
Der (e)ine liebt die Musik, der (a)ndere den Sport.
Möchtest du etwas (a)nderes essen?
Das (m)eiste war bis zum Abend erledigt.
Ein (p)aar Handgriffe blieben noch zu tun.
Zum Geburtstag bekommst du ein (p)aar Tennissocken.
Gerhard ist ein (b)isschen erkältet.
Er muss sich ein (w)enig schonen.

3. Adjektive

Zuallerletzt eine Fehlerquelle, die selbst von geübten Schreibern manchmal übersehen wird:

Ich besitze viele silberne Münzen. Die **wertvollsten** verwahre ich im Tresor.

Unsere Schüler erhalten heute ihre Zeugnisse. Die besonders **fleißigen** dürfen sich ein Buch aussuchen.

Die Blumen sind sehr schön. Die **gelben** gefallen mir besonders gut.

Wenn du darüber nachdenkst, findest du sicher den Grund dafür, weshalb *die wertvollsten, die besonders fleißigen* und *die gelben* **klein**zuschreiben sind:
Die Adjektive beziehen sich auf ein **vorausgehendes Substantiv.**

die Münzen ← die **w**ertvollsten *(Münzen)*
die Schüler ← die besonders **f**leißigen *(Schüler)*
die Blumen ← die **g**elben *(Blumen)*

Kleinschreibung, wenn das zugehörige Substantiv vorausgeht

Ein Tipp: Denke beim Schreiben das Substantiv mit, dann erkennst du das Adjektiv leichter: Die wertvollsten (Münzen) verwahre …

DIKTAT 18

Bei der Groß- und Kleinschreibung hilft oft das Nachdenken. Vergiss aber nicht, dass es einige Ausnahmen gibt.

Lieber Markus,

heute kann ich **dir** wieder einmal **etwas Neues** und **Interessantes** berichten. Für das Ende des Schuljahres sind bei uns **ein paar** Projekttage eingeplant. Wir haben uns **im Großen und Ganzen** für das Thema „Umweltschutz" entschieden, weil **die meisten** es für sehr wichtig halten.

Schon jetzt wurde der Ablauf **bis ins Einzelne** festgelegt. Am ersten Tag treffen sich **die Beteiligten** im Klassenzimmer und diskutieren mit dem Abfallberater des Landkreises über **die Vermeidung** und **Wiederverwertung** von Müll und Abfall. Um **die Angelegenheit ein bisschen** aufzulockern werden wir gemeinsam zwei oder drei Kurzfilme anschauen.

Wir besuchen **nachmittags** die öffentliche Mülldeponie und anschließend das städtische Klärwerk. Voraussichtlich wird ein Reporter der **„Allgemeinen Zeitung"** über **unsere Beobachtungen** und

Das Klärwerk Elbe bei Hamburg. In den eiförmigen Behältern wird der Klärschlamm gesammelt und getrocknet.

Eindrücke dort berichten. Du kannst **dir** denken, dass wir stolz darauf sind, wenn die Leute **am anderen Morgen manches Lesenswerte** über uns in der Zeitung finden.

Am zweiten Tag steht **das Praktische** im Vordergrund. Wir wandern **in der Frühe** zum Goldbach und sammeln dort **alles Schädliche** und **Überflüssige,** das die Umwelt belastet. Leere Flaschen und Plastikteile, auch Metallschrott werden auf Schubkarren geladen und anschließend mit einem Lieferwagen **zur Sortierung** und **zur Wiederverwertung** auf den Recyclinghof gebracht.

Am frühen **Dienstagabend** ist die Sammelaktion zu Ende. Bevor wir **zum Duschen** und **Baden** nach Hause gehen, treffen wir uns noch im Biergarten des **„Goldenen Adlers".** Für diesmal muss **das Händewaschen** reichen. Hier gibt es für jeden **etwas Gutes** zu essen und zu trinken – allerdings selbstverständlich kein Bier!

Soweit **meine Neuigkeiten.** Wenn **du** Lust hast, könntest **du am Nachmittag** mitmachen. Unser Klassenlehrer wird **dir sein Ja** nicht verweigern, zumal **du** für ihn **kein Unbekannter** bist.
Bis bald!

Dein Richard

Mit dem Umweltengel werden schadstoffarme Produkte ausgezeichnet.

Verbessere deine Fehler wie üblich. Überlege, warum die fett gedruckten Wörter groß- oder kleinzuschreiben sind:

etwas Neues, manches Lesenswerte *(substantivierte Adjektive)*
die „Allgemeine Zeitung" *(Titel)*
ein paar *(einige, wenige, nicht zwei zusammengehörige Stücke)*
die meisten *(unbestimmtes Zahlwort)*

Achte auch auf die Anredefürwörter in der 2. Person! Sie sind generell – also auch im Brief – kleinzuschreiben.

EIGENTLICH GAR NICHT SO SCHWIERIG!

Getrennt oder zusammen?

Die Getrennt- und Zusammenschreibung zählt zu den nicht ganz einfachen Themen der Rechtschreibung. Durch Übung und aufmerksames Lesen wirst du dir im Lauf der Zeit sicher vieles einprägen. Dennoch ist es wohl unvermeidlich, bei den Hausaufgaben immer wieder einmal zu einem Rechtschreibwörterbuch zu greifen.

Grundsätzlich gilt, dass die Getrenntschreibung der Normalfall ist. Allerdings gibt es eine Reihe von Ausnahmen. Über die wird später noch zu sprechen sein.

Getrenntschreibung

Getrennt zu schreiben sind folgende Fälle:

1. Substantiv + Verb

Auto fahren/ Rad fahren(!)

Auto fahren, Rad fahren, Angst haben, Rat suchen,
Buch führen, Maß halten
Klaus fährt Rad. – Bei wem soll ich Rat suchen?
(*Vergleiche aber:* Das Radfahren ist sehr erholsam. –
Der Ratsuchende wandte sich an das Einwohnermeldeamt.)

Bei untrennbaren Zusammensetzungen wird zusammengeschrieben:

schlafwandeln – Mein Vetter schlafwandelt in der Nacht.
(*ein Wort! – Nicht:* Mein Vetter wandelt in der Nacht schlaf.)
handhaben – Die Ferienkinder handhaben die Angel
wie erfahrene Fischer.

2. Verb + Verb

sitzen bleiben, spazieren gehen, kennen lernen
Sollen wir heute spazieren gehen?

3. Adjektiv/Adverb + Verb
Hier wird getrennt geschrieben, wenn der erste Teil erweiterbar oder steigerbar ist:

leicht fallen (leichter fallen, sehr leicht fallen), warm halten (wärmer halten), gut gehen (besser gehen), scharf schießen (scharf auf ein Ziel schießen), bekannt machen, fest halten, genau nehmen, kurz treten, nahe bringen, zufrieden stellen
beiseite legen, zunichte machen, zugute kommen

Besonders wichtig: Adjektiv + Verb getrennt!

In Verbindung mit *sein* wird stets getrennt geschrieben:

zufrieden sein, vorbei sein, zumute sein, zusammen sein.
Mit diesem Pudding kannst du wirklich zufrieden sein.

Vorsicht: In dieser Gruppe bleiben viele Zweifelsfälle, die nur durch Nachdenken oder mit Hilfe eines Wörterbuchs zu klären sind:

Petra kann gut schreiben. (sehr gut, besser schreiben)
Können Sie mir diesen Betrag gutschreiben?
In Amerika kann man Waffen frei kaufen. (frei in einem Geschäft kaufen) – Quintus ließ die schöne Sklavin freikaufen.

4. Partizip + Verb

gefangen nehmen, verloren gehen, versteckt halten, vergessen bleiben

Vorsicht auch hier: Partizip + Verb getrennt!

5. Partizip + Adjektiv

kochend heiß, überraschend neu, störend laut

6. Adjektiv auf -ig, -isch, -lich + Adjektiv

neblig trüb, seelisch krank, grünlich gelb

Puh, das war eine ganze Menge! Am besten ist es, wenn du überall ein paar, drei oder fünf, Beispiele zu finden versuchst. Verwende sie auch in sinnvollen Sätzen. Das hilft dir auch dann weiter, wenn du die eine oder andere Regel nicht zur Hand hast.

▪ Übung 1 ▪

Und hier noch einige weitere Übungssätze. Vergleiche die fraglichen Wörter mit den Beispielen unter 1 bis 6. Aber Vorsicht: Hier sind einzelne Fußangeln eingebaut!

Getrennt oder zusammen?

Wir wollen in den Weihnachtsferien (s)ki/laufen.
Max hat sich beim (b)asketball/spielen den Arm gebrochen.
Endlich konnte König Ludwig in Versailles (h)of/halten.
Renate kann sehr hoch/springen.
Muss es bei euch immer so rund/gehen?
Klaus hat seine Fahrkarte liegen/lassen.
Mit deinem (s)itzen/bleiben bin ich absolut nicht einverstanden.

An dieser Stelle musst du getrennt/schreiben.
Wer von uns ist denn verloren/gegangen?
Die Seifenblasen sind klebrig/nass.
Die Melone ist (h)onig/süß.(!)
Dein Rasierwasser duftet männlich/frisch.

Keine Regel ohne Ausnahme – die Zusammenschreibung

Du erinnerst dich: Die **Getrenntschreibung** von Wörtern **ist der Normalfall.** Leider gibt es dennoch viele, die zusammengeschrieben werden. Grundsätzlich gilt: Wenn mehrere Wörter zu einem neuen Begriff verschmolzen sind, so wird dieser zusammengeschrieben:

Echte Zusammensetzungen

Luft + Pumpe → die Luftpumpe
hoch + Haus → das Hochhaus
Haut + eng → hauteng
Berg + steigen → bergsteigen

Schon der letzte Fall zeigt, dass es auch hier gelegentlich nicht ohne beharrliches Nachdenken oder Nachschlagen geht:

bergsteigen – Eis laufen – nachtwandeln – Schlange stehen

1. Nicht getrennt geschriebene Wörter können **untrennbare Zusammensetzungen** sein:

Wir wollen in den Ferien bergsteigen. – ~~Wir steigen in den Ferien berg.~~
Wir wollen in den Ferien Ski fahren. – Wir fahren in den Ferien Ski.

Hier einige weitere untrennbare Zusammensetzungen:

Untrennbare Zusammensetzungen

Substantiv + Verb: handhaben, maßregeln, wetteifern
Adjektiv + Verb: langweilen, frohlocken, weissagen
Präposition + Verb: wiederholen (nochmals tun!)
Vorsicht: Wir wollen die Getrenntschreibung heute wiederholen. – Du kannst deinen Fußball wieder holen.

2. Trennbar wären die folgenden Zusammensetzungen u. a. aus **Pronomen/Adverb + Verb.** Sie werden dennoch zusammengeschrieben, weil sie als ein Wort verstanden werden (Betonung auf dem ersten Teil!):

Verb und Pronomen, Adverb, Adjektiv

abladen, anbieten, dazulegen, emporheben, hereinschneien, umherirren, weiterlesen, zwischenlanden
fehlschlagen, kundtun, weismachen

3. Bei **Zusammensetzungen von Verben mit Adjektiven und Adverbien** muss sichergestellt sein, dass der erste Teil weder erweiterbar noch steigerbar ist:

Adjektiv nicht erweiterbar!

bereithalten (sehr bereit halten? bereiter halten?)
totschlagen (sehr tot schlagen? toter schlagen?)

Du siehst, die angebotenen Erweiterungen sind nicht möglich. Hier noch weitere Beispiele:

fernsehen, festnehmen, großziehen, vollstrecken

4. Zusammengeschrieben werden auch **Zusammensetzungen von Verben mit verblassten Substantiven:**

heimfahren, standhalten, teilnehmen, wetteifern

Zusammengesetzte Adjektive

5. Bei den **Adjektiven** sind zwei Gruppen erwähnenswert. Die Zusammensetzungen entstehen durch die Hinzufügung eines Substantivs oder eines zweiten Adjektivs:

butterweich (weich wie Butter), eiskalt,
federleicht, herzkrank, steinhart
bitterböse, hellgrün, nasskalt, schnelllebig, vollschlank

Du wirst diese und ähnliche Wörter in aller Regel gefühlsmäßig zusammenschreiben.

irgendetwas – gar nichts

6. Zum Abschluss noch eine Gruppe von **Pronomen bzw. Adverbien,** die immer wieder Rätselraten verursachen:

irgendein, irgendwer, irgendwas
irgendetwas, irgendjemand (!)
gar nicht, gar nichts

Übung 2

Auch hier ein paar zusätzliche Übungssätze. Notiere sie in deinem Heft. Kannst du die jeweilige Rechtschreibung erklären?

Getrennt oder Zusammen?

Das Sportflugzeug musste auf dem Acker (n)ot/landen.
Die Überlebenden mussten lange (n)ot/leiden.
Gemeinsam werden wir dieses Werk voll/bringen.
Lass diesen Eimer mit Wasser voll/laufen.
Du solltest dich etwas mehr zusammen/reißen!
Die Wanderer werden am Burgtor (h)alt/machen.

Sie wollen an der Führung (t)eil/nehmen.
Die Antwort auf deine Frage ist (s)onnen/klar.
Das Wasser des Mittelmeers ist angenehm/warm.
Irgend/wo habe ich mein Taschenmesser verlegt.
Hat irgend/jemand es gesehen?
Heute steht gar/nichts Neues in der Zeitung.

DIKTAT 19

Hier werden unterschiedliche Fälle der Getrennt- und Zusammenschreibung gemischt. Zugegeben, sie sind auffällig dicht gesät. Versuche dein Glück zunächst ohne nachzuschlagen.

Fühlst du dich sicher? Probiers einmal!

Unser Professor

Wenn **irgendjemand** in unserer Klasse **Rat sucht,** dann geht er zu meinem Freund Max, genannt „der Professor". Am besten kann man ihn **kennen lernen,** wenn er **gedankenverloren** über einem Problem brütet oder in einem **aufregend spannenden** Buch liest. Dann lässt er sich durch **gar nichts** stören, hält sich mit seinen **beachtlich großen** Händen die Ohren zu und **wetteifert** mit den bedeutendsten Naturforschern unserer Zeit. Doch sobald er begriffen hat, worum es geht, wird er den Bittsteller nicht länger **warten lassen.**

„Die Lösung wird uns beiden nicht **schwer fallen"**, murmelt er dann. „Da brauchst du keine **Angst** zu **haben."** Schon steht er vor seinem Regal um mit spitzem Zeigefinger die Reihen **entlangzufahren.** Endlich hat er das Gesuchte gefunden und klappt die Buchdeckel auseinander. „Schau, die Lösung ist **überraschend einfach.** Da steht die gesuchte Formel!"

Immer wieder bin ich erstaunt darüber, wie rasch und wie leicht der Professor **Ratsuchende zufrieden stellen** kann.

OHNE ZEICHEN GEHT ES NICHT

Gliederungs- und Lesehilfe

Satzzeichen als Schikane ...

„Satzzeichen sind doof!“ Auch du gehörst sicher zu der endlos großen Schar von Schülern, die über die *Satzzeichen* stöhnen. Vielleicht empfindest du die Regeln als ungerechtfertigte Schikane. Die Lehrer missbrauchen ihre Macht, indem sie etwas verlangen, das überflüssig ist.

... oder als Lesehilfe?

Bei genauerem Hinsehen zeigt sich freilich etwas anderes: **Satzzeichen sind eine Lesehilfe.** Sie zeigen dir, wo Pausen zum Sinnverständnis erforderlich sind und welche Teile eines Satzes logisch zusammengehören.

Meine beiden Brüder**,** Sebastian und Lars spielen Fußball.
(vier Personen, Aufzählung)
Meine beiden Brüder**,** Sebastian und Lars**,** spielen Fußball.
(zwei Personen: meine Brüder = Sebastian und Lars, Apposition)
Es ist ein gutes Werk für uns**,** Geld zu sammeln.
(Das Geld wird für andere gesammelt.)
Es ist ein gutes Werk**,** für uns Geld zu sammeln.
(Das Geld wird für uns gesammelt.)

IMMER AM SATZSCHLUSS ZU FINDEN

Punkt, Fragezeichen, Ausrufezeichen

1. Ein normaler *Aussagesatz* wird durch **Punkt** beendet:

Es regnet. Dieser Bus fährt bis zum Bahnhof.

Punkt am Satzende

2. Achte darauf, dass du *zwei abgeschlossene Aussagen* durch einen **Punkt, nicht durch ein Komma** voneinander trennst.

Der Eisvogel nistet in der steilen Uferböschung.
Peter hatte ihn bei unserem Streifzug als erster entdeckt.

3. Das **Fragezeichen** steht nach einer *direkten Frage:*

Wo findet das Handballspiel statt?
Wann warst du in Lüneburg? Gestern?

Fragezeichen nach direkten Fragen

4. **Kein Fragezeichen** steht nach einem *indirekten Fragesatz:*

Ich fragte den Jungen, wo er wohnt. *(Punkt!)*
Ich weiß nicht, was ich dazu sagen soll. *(Punkt!)*

5. Das **Ausrufezeichen** steht nach *Aufforderungssätzen* oder *Ausrufen:*

Halte gefälligst deinen Mund!
Gehen Sie bitte auf die andere Straßenseite!
Aufgepasst! Kopf hoch!
„Donnerwetter!“, rief der Trainer bewundernd.

Ausrufezeichen nach Aufforderungssätzen oder Ausrufen

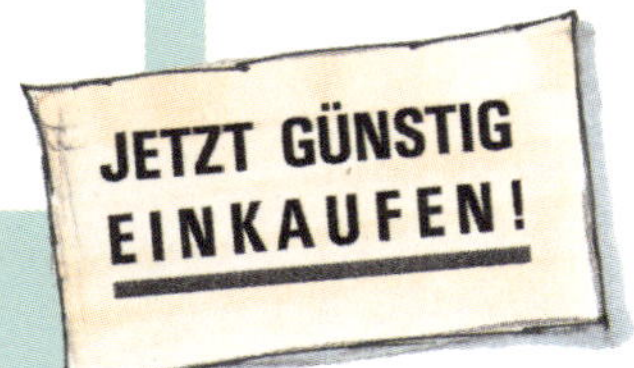

6. Bei *Aufforderungen ohne besonderen Nachdruck* kann auch ein **Punkt** stehen:

Geben Sie uns doch bitte noch ein Eis. **(!)**
Grüßen Sie unsere Freunde in Lyon.

Schwierigkeiten gibt es bei der Verwendung der genannten Zeichen nur dann, wenn du nicht aufmerksam bist und die *Art des Satzes* nicht richtig erkennst.

▪ Übung 1 ▪

Welche Satzzeichen sind hier zu verwenden?

Die Wüste lebt(   )
Wann treffen wir uns auf dem Sportplatz(   )
Mach, dass du wegkommst(   )
Gibt es heute nichts zu essen(   )
Mein Vater beherrscht viele Zauberkunststücke(   )
„Hände hoch(   )", rief der Sheriff.
Ich weiß nicht, was dieses Buch kostet(   )
Schläfst du(   )
Der Herbergsvater befahl: „Jetzt wascht mal zuerst eure Füße(   )"

Die wichtigsten Regeln für die Verwendung von Punkt, Fragezeichen und Ausrufezeichen hast du nun kennen gelernt. Einiges bleibt freilich noch nachzutragen.

Ergänzende Regeln

Punkt nach Ordnungszahlen …

1. Der Punkt steht **nach Ordnungszahlen:**

am 1. Mai   die 3. Reihe   Ludwig XIV. von Frankreich
Friedrich II. von Preußen

… und nach bestimmten Abkürzungen

2. Der Punkt steht auch **nach Abkürzungen, die gewöhnlich im vollen Wortlaut gesprochen werden:**

z. B. = zum Beispiel
u. a. = unter anderem
ggf. = gegebenenfalls
usw. = und so weiter (nur ein Punkt!)

Wo <u>kein</u> Punkt steht.

3. Bei **häufig gebrauchten Maßeinheiten fehlt** allerdings der Punkt:

m = Meter   l = Liter   ha = Hektar

Das gilt auch für **Währungsbezeichnungen** und **Himmelsrichtungen:**

DM = Deutsche Mark   L = Lira   S = Süden   SW = Südwesten

4. Der Punkt steht **nicht nach Abkürzungen,** bei denen nur die Buchstaben gesprochen werden:

SPD (*Ausnahme:* F.D.P. *nach parteiamtlicher Schreibung*)
USA   IG Metall   VW

5. Der Punkt steht auch **nicht nach Überschriften:**

Möglich: Ausrufezeichen und Fragezeichen nach Überschriften

(Dagegen werden ggf. *Ausrufezeichen* oder *Fragezeichen* verwendet: Helft den Straßenkindern in Südamerika**!** – Wie lange müssen die Erdbebenopfer auf Hilfe warten**?**)

6. Kein Punkt steht auch **nach der Grußformel** und der **Unterschrift im Brief:**

Es grüßt dich ganz herzlich
dein Vetter Jürgen

Mit freundlichen Grüßen
Karin Seiffert

EIN SATZZEICHEN MIT HAKEN UND ÖSEN

Das Komma

Gefühl ist nicht alles – du musst einige Regeln lernen!

Anders als die drei bislang betrachteten Satzzeichen ist das *Komma* eine *häufige Fehlerquelle.* Hier solltest du dich nicht auf dein Gefühl verlassen, sondern die Regeln „von der Pike auf", möglichst systematisch lernen. Wetten, dass sich der Aufwand sehr bald lohnt?!

Aufzählung

Diesen Fall kennst du lange: Einzelne Wörter oder Wortgruppen werden **aufgezählt.**

Im Schlosspark wachsen **Kastanien, Platanen, Blutbuchen** und **Trauerweiden.**
Die Blüten sind **rot, blau, gelb** oder **weiß.**
Wir wanderten über **taufrische Bergwiesen, ausgedehnte Geröllhalden** und **gefährlich schmale Felsgrate.**

Komma bei aufgezählten Wörtern und Wortgruppen

1. Die einzelnen **Glieder der Aufzählung** werden *durch Kommas (auch:* Kommata*)* voneinander getrennt – außer wenn sie durch „und" oder „oder" miteinander verbunden sind:

eins**,** zwei**,** drei und vier
Vanille-**,** Erdbeer-**,** Schokoladen- oder Zitroneneis

2. Wenn mehrere Adjektive beieinander stehen, dann muss das nicht immer eine Aufzählung sein:

die große chemische Entdeckung   das duftende weiße Brot
die prächtigen italienischen Villen

(Hier ließe sich **kein „und"** setzen wie bei der Aufzählung. Durch ein Komma würde die Gewichtung gestört bzw. der Satzsinn verändert.)

Kein Komma, wenn das „und" nicht möglich ist

Übung 1

An diesen Beispielsätzen kannst du ausprobieren, ob du die Regeln richtig verstanden hast. Schreibe sie ab und setze die Kommas.

Tante Jutta Onkel Hans Herr und Frau Müller besitzen gemeinsam ein Segelboot.

Bitte liefern Sie uns ein Roggenmischbrot zwei Pfund Vollkornbrot in Scheiben ein Pariser Brot zwanzig Tafelbrötchen und acht Laugenbrezeln.

Im Urlaub werden wir lange ausschlafen ausgiebig frühstücken im Hopfensee baden und vielleicht zu den bayerischen Königsschlössern wandern.

Das Lagerfeuer verbreitete eine angenehme wohlige Wärme.

Wem gehört das herrlich gelegene efeubewachsene Haus?

Der Forscher entdeckte einen lange gesuchten Indianerstamm.

Meine teuer bezahlte Armbanduhr kann ich dir nicht ausleihen.

Eine mächtige alte Eiche überschattet den Dorfplatz.

Apposition (Beisatz)

Komma bei näheren Erläuterungen

1. Das Komma trennt die **nachgestellte Apposition** ab:

Nero**, unser Wachhund,** hat den Briefträger gebissen.
Dieses Erinnerungsstück**, ein Originalgemälde von Otto Dix,** möchte ich nicht verkaufen.

Beachte: Bezugswort und Apposition sind austauschbar:

Nero = unser Wachhund (Unser Wachhund, Nero, …)
dieses Erinnerungsstück = ein Originalgemälde von Otto Dix
(Das Originalgemälde von Otto Dix, ein Erinnerungsstück, …)

Kein Komma bei geschichtlichen Eigennamen

2. Appositionen werden allerdings **nicht** abgetrennt, wenn sie zum Namen gehören:

Karl **der Große** wurde in Rom zum Kaiser gekrönt.
Er machte Ludwig **den Frommen** zu seinem Erben.

Nachgestellte genauere Bestimmungen

Komma bei Einschüben und Zusätzen

Nachgestellte genauere Bestimmungen werden – wie Appositionen – in Kommas eingeschlossen bzw. durch Komma abgetrennt. Oft werden die nachgestellten genaueren Bestimmungen **durch bestimmte Formulierungen (nämlich, und zwar, z. B.) eingeleitet.**

Sein Fahrrad**, uralt und verrostet,** erregt überall Aufsehen.
Der Schlamm**, knietief,** hinderte uns am Vorwärtskommen.
Wir bieten Ihnen ein umfangreiches Sortiment gebrauchter Maschinen an**, und zwar Drehbänke, Bohr-, Schleif- und Fräsmaschinen.**
Drei Länder beteiligen sich nicht an den Konferenz**,**
nämlich Griechenland, Marokko und Bolivien.

Entgegensetzende Konjunktionen

Vor **Konjunktionen** (Bindewörtern), **die einen Gegensatz ausdrücken,** steht ein Komma.

Ich lese gerne Bücher**, aber** keine Kriminalromane.
Wir treffen uns nicht am Bahnhof**, sondern** an der Post.
Wir sind nicht hungrig**, jedoch** müde.
Du bist zwar klug**, doch** ziemlich ungezogen.

Im Prinzip ja, aber ...

Anrede und Ausruf

1. Die **Anrede** wird durch ein Komma vom Satz abgetrennt.

Simon, kennst du mich nicht mehr?
Diesen Vorwurf**, Herr Müller,** kann ich nicht auf mir ruhen lassen.
Sehr geehrter Herr Landrat, ich möchte noch einmal auf Ihre Worte vom letzten Dienstag zurückkommen.
Liebe Susi, wenn ich an dich denke, vergehe ich vor Sehnsucht.

2. Ebenfalls werden **Ausrufe** oder **Empfindungswörter** (Interjektionen) vom Satz abgetrennt.

Oh, welch ein Schauspiel!
Ja, das stimmt!
Pfui, was für eine Gemeinheit!

Komma bei Anreden und Ausrufen

Hauptsatz und Nebensatz

Die Kommas dienen vor allem dazu, einen langen, unübersichtlichen Satz zu gliedern. Die wichtigste Regel ist dir sicher längst bekannt:

Nebensätze werden vom Hauptsatz durch Kommas abgetrennt.

Ich kaufe mir eine Limonade**, weil ich Durst habe.**
Wenn das Wetter schön bleibt, fahren wir an den See.

Woran erkennst du den Nebensatz? Versuche dich noch einmal zu erinnern:

Die Merkmale der Nebensätze

- Nebensätze können nicht für sich allein stehen („wenn das Wetter schön bleibt").
- Das flektierte (gebeugte) Verb steht am Ende („bleibt").
- Nebensätze werden oft (leider nicht immer) durch **Konjunktionen** (Bindewörter) eingeleitet („wenn").

Übung 2

Übertrage die folgenden Sätze in dein Heft. Unterstreiche jeweils das Komma und den Nebensatz.

Während wir auf dem Heimweg waren, begann es zu regnen.
Als Cäsar nach Rom marschierte, fürchteten die Senatoren um ihr Leben.
Seit ich dich kenne, klagst du über Geldmangel.
Wir hoffen, dass Sie mit unserer Lieferung zufrieden sind.
Winnetou wusste längst, wie er seine Feinde überlisten konnte.
Claudia spielt noch mit Puppen, obwohl sie bereits zwölf Jahre alt ist.

Eingeschobener Nebensatz: zwei Kommas!

Wenn der **Nebensatz in den Hauptsatz eingeschoben** ist, dann sind *zwei* Kommas zu setzen:

Hauptsatz **,** (Komma) **Nebensatz** **,** (Komma) **Hauptsatz**

Der Förster versteckte sich**, als er den Wilderer sah,** hinter einem Baum.
Ich freue mich**, wenn du kommst,** und backe für uns beide einen Nusskuchen.

■ Übung 3 ■

Hier findest du nun zahlreiche *Konjunktionen*, die Nebensätze einleiten können. Formuliere einige sinnvolle Sätze und schreibe sie in dein Heft. Unterstreiche auch hier Komma und Nebensatz.

Die wichtigsten Konjunktionen auf einen Blick

als indem sobald solange sooft während wenn
nachdem seit seitdem
dass anstatt dass ohne dass sodass
bevor bis ehe
sofern wie als ob
da falls weil
ob obgleich obwohl

Vorsicht: Die Konjunktion muss einen vollständigen Nebensatz einleiten. Dazu gehören mindestens **ein Subjekt und ein Prädikat.**

Rainer strahlte vor Freude, als **er** die verlorene Armbanduhr **wieder fand.**
Während **wir** am Waldrand **warteten,** trat ein Reh aus dem Unterholz.
Mein Vater langweilt sich sehr, seit **er** im Ruhestand **lebt.**
Bis **der Rohbau** fertig **ist,** brauchen Sie nichts zu bezahlen.

Relativsätze und indirekte Fragesätze

Wie gesagt: Nebensätze, die durch *Konjunktionen* eingeleitet werden, sind leicht zu erkennen. Die Zeichensetzung bereitet keine Schwierigkeiten – wenn du aufmerksam bist!

Ähnliches gilt für den **Relativsatz** (bezugnehmenden Satz) und für den **indirekten Fragesatz:**

Der Wanderer**, der sich verirrt hatte,** wurde erst nach zwei Tagen gefunden.
Wir fanden den Weg**, den wir gesucht hatten.**
Dies ist der Platz**, auf dem Ludwig XVI. enthauptet wurde.**
Das Schloss**, in dem es seit Jahrhunderten spukt,** wurde von einem amerikanischen Millionär gekauft.
Du weißt**, wer den Fußball gestohlen hat.**
(direkte Frage: „Wer hat den Fußball gestohlen?")
Der Kommissar fragte**, wann wir den Landstreicher zum letzten Mal gesehen hätten.**
(direkte Frage: „Wann habt ihr den Landstreicher zum letzten Mal gesehen?")

Pronomen leiten Nebensätze ein.

In den obigen Beispielsätzen wird der Nebensatz durch ein **Relativpronomen** oder durch ein **Fragepronomen** eingeleitet:

der, die, das, dessen, dem, den, das …
an dem, auf dem, in dem, mit dem, neben dem, unter dem …
wer, was, wessen, wem, wen, wann …

Auch hier: <u>zwei</u> Kommas bei eingeschobenen Nebensätzen

Vergiss auch hier nicht gegebenenfalls das **zweite Komma** zu setzen – dann nämlich, wenn der Nebensatz in den Hauptsatz eingefügt ist:

Der Tag**, der so gut begonnen hatte,** endete mit großem Ärger.
Ich möchte wissen**, ob du kommen kannst,** und bitte deshalb um eine kurze Antwort.

Nebensätze ohne Einleitung

Verhältnismäßig selten finden sich *nicht eingeleitete Nebensätze.* Hier ist besondere Aufmerksamkeit geboten. Du kannst diese Sätze aber leicht umwandeln, ohne dass sich der Sinn ändert. Dadurch erkennst du, dass ein Haupt- und ein Nebensatz kombiniert sind. Das zeigen etwa diese Beispiele:

Hast du Hunger, dann kannst du etwas essen.
(Wenn du Hunger hast, …)
Solltest du keine Zeit haben, bitte ich um eine Nachricht.
(Wenn du keine Zeit hast, …)

Häufige Fehlerquellen

Sicher ist es dir auch schon passiert, dass du *ein Komma oder mehrere Kommas zu viel* geschrieben hast. Dies geschieht erfahrungsgemäß vor allem in den beiden folgenden Fällen:

1. *einfacher Vergleich:*
   Susi ist größer **als Monika.**
   Ich laufe doppelt so schnell **wie meine Schwester.**
2. *adverbiale Bestimmung:*
   Während seiner Rede erlitt der Minister einen Schwächeanfall.
   Seit Tagen wartete Napoleon auf die Antwort des Zaren.
   Für die Bezahlung der Rechnung gebe ich Ihnen noch Zeit **bis zum 15. Juli.**

Weißt du, weshalb in diesen Beispielsätzen kein Komma steht?

Weder die *adverbialen Bestimmungen* (Umstandsbestimmungen) noch die *Vergleichswörter „als“* und *„wie“* begründen einen Nebensatz, der ja ein Prädikat aufweisen müsste. Also darf **kein Komma** gesetzt werden.

Kein Nebensatz – also kein Komma!

Übung 4

Wenn du unsicher bist, dann wiederhole die Seiten 118–121.

Hier sind noch einmal einige Beispiele zusammengefasst, an denen du deine Kenntnisse erproben kannst. Schreibe sie ab und setze die Kommas an der richtigen Stelle. Notiere in Klammern, ob es sich um einen mit einer Konjunktion eingeleiteten Nebensatz *(Konjunktionalsatz)*, um einen *Relativsatz*, einen *indirekten Fragesatz* oder einen *nicht eingeleiteten Nebensatz* handelt.

Ehe der Hahn kräht geht der Busfahrer aus dem Haus.
Ich schenke dir das Buch das du dir seit langem wünschst.
Kannst du mir sagen wo es nach Neudorf geht?
Belügst du mich kannst du etwas erleben!
Ich weiß nicht wann ich dich zum letzten Mal gesehen habe.
Das Haus in dem der Mord geschehen war wurde von der Polizei abgeriegelt.
Soviel ich weiß fällt das Sportfest wegen des schlechten Wetters aus.
Könnte ich fliegen flög ich zu dir.
Ich weiß nicht was soll es bedeuten.
Peter war der einzige Freund mit dem ich über alles reden konnte.
Der Kapitän wankte an Deck als das Schiff bereits sank.
Wäre ich ein Millionär würde ich dir eine prächtige Villa kaufen.

DIKTAT 20

Bevor es weitergeht, kannst du Zeichensetzung im Textzusammenhang üben. Lies die folgende Geschichte aufmerksam durch. Lass sie dir dann diktieren (eventuell jeweils nur einen Abschnitt).

Gang durch die Nacht

Vor vielen, vielen Jahren, als im Spessart die Wege noch schlecht und nicht so häufig wie heute befahren waren, zogen zwei junge Burschen durch den Wald. Der eine mochte achtzehn Jahre alt sein und war ein Schmied. Der andere, ein Goldarbeiter, hatte kaum sechzehn Jahre und tat wohl seine erste Reise in die Welt. Als es

Abend wurde, verfinsterten die Schatten der Fichten, Eichen und Buchen den schmalen Weg, den die beiden wanderten. Der Schmied schritt wacker vorwärts, pfiff ein Lied und schwatzte gelegentlich mit Munter, seinem Hund. Er schien sich nicht darum zu kümmern, dass die Nacht nicht mehr fern war, obwohl sie noch keine Herberge hatten. Aber Felix, der Goldarbeiter, sah sich oft ängstlich um. Wenn der Wind durch die Bäume rauschte, so war es ihm, als hörte er Tritte hinter sich. Wenn das Gesträuch am Weg hin und her wankte, dann glaubte er Gesichter hinter den Büschen lauern zu sehen.

Der junge Goldarbeiter war sonst nicht abergläubisch und mutlos. In Würzburg, wo er gelernt hatte, galt er unter seinen Kameraden als unerschrockener, abenteuerlustiger Bursche, dem das Herz auf dem rechten Fleck saß. Aber heute war ihm sonderbar zu Mute. Man hatte ihm vom Spessart, dem dunklen Waldgebirge nördlich des Mains, so mancherlei erzählt. Eine große Räuberbande sollte dort ihr Unwesen treiben. Viele Reisende, Arm und Reich, waren in den letzten Wochen ausgeplündert worden, ja man sprach sogar von gräulichen Mordgeschichten, die vorgefallen seien. Da war ihm doch etwas bange um sein Leben, denn sie waren ja nur zu zweit und konnten gegen bewaffnete Räuber wenig ausrichten. Oft bereute er, dass er seinem Kameraden, dem Schmied, gefolgt war, anstatt die Nacht außerhalb des Waldes zu verbringen.

(nach Wilhelm Hauff: „Das Wirtshaus im Spessart")

Verbessere deine Rechtschreibfehler in der üblichen Weise. Schreibe die Sätze, in denen ein Komma fehlt, noch einmal ab und versuche eine zutreffende Begründung:

In Würzburg, **wo er gelernt hatte,** galt er als unerschrockener Bursche.
(Relativsatz)

Erweiterter Infinitiv

Der Infinitiv ist die Grundform des Verbs. Von ihr leiten sich alle anderen Formen ab:

(zu) backen (zu) wandern (zu) zeigen

Vergleiche jeweils die beiden Satzkonstruktionen.

1. Der **erweiterte Infinitiv** ersetzt einen Nebensatz:

Der Gerichtsvollzieher verließ den Hof(,) **ohne sich umzusehen.**
(Der Gerichtsvollzieher verließ den Hof, ohne dass er sich umsah.)

Wir mieteten das Motorboot(,) **um unabhängig zu sein.**
(Wir mieteten das Boot, damit wir unabhängig waren.)

2. Weil der erweiterte Infinitiv für einen Nebensatz steht, **kann er durch ein Komma vom übrigen Satz getrennt werden.** Das empfiehlt sich in der Regel aber nur dann, wenn die Gliederung des Gesamtsatzes deutlich gemacht oder Missverständnisse vermieden werden sollen:

Wir vergaßen die Tür zu schließen.
Renate erwartet eingeladen zu werden.
Wir fahren ins Allgäu(,) um uns auszuruhen und zu wandern.
Der Museumsdirektor kaufte das Bild(,) ohne sich vom Preis abschrecken zu lassen.
Der Verkäufer empfahl(,) den modischeren Mantel zu kaufen(,) und machte mir ein besonders günstiges Angebot.
(Der erweiterte Infinitiv ist hier in den Gesamtsatz eingeschoben – zwei Kommas!)

Die Bedeutung wird durch die Kommasetzung verändert.

Hans versprach, mir einen Brief zu schreiben. (!)
Hans versprach mir, einen Brief zu schreiben. (!)

Ich wünsche mir oft, im Lotto zu gewinnen. (!)
Ich wünsche mir, oft im Lotto zu gewinnen. (!)

Ausnahmen

Im Großen und Ganzen kannst du beim erweiterten Infinitiv selbst entscheiden, ob du ein Komma setzen möchtest oder nicht. Ist das nicht fabelhaft? Allerdings zeigen die vier letzten Beispiele auf Seite 124, dass du unbedingt darauf achten musst, Missverständnisse auszuschließen.

Vorsicht vor Missverständnissen!

3. Das Komma muss stehen, wenn ein **hinweisendes Wort** auf den nachfolgenden Infinitiv aufmerksam macht:

Ich liebe **es,** im salzigen Meerwasser zu baden.
Niemand dachte **daran,** das Licht anzuschalten.
Meine Eltern warten **darauf,** dich kennen zu lernen.

Daran, den Heizölvorrat aufzufüllen, hatte niemand gedacht.
Dies, ein Bußgeld von 40 DM zahlen zu müssen,
habe ich nicht erwartet.

Übung 5

Schreibe aus der folgenden Liste die Sätze heraus, in denen ein Komma stehen muss. Begründe deine Wahl.

Wage es nicht zu antworten!
Wir hoffen täglich von dir einen Brief zu bekommen.
Ich habe vergessen zu schreiben.
Wir ziehen es vor unsere Bestellung an eine andere Firma zu richten.
Ohne ein Wort zu sagen verließ der Vertreter das Haus.
Hast du schon daran gedacht die Polizei zu benachrichten?
Meine Mutter bat mich in dem Einkaufszentrum ein Brot zu kaufen.
Du solltest an die frische Luft gehen anstatt dauernd zu lesen.

Erweitertes Partizip

Ähnliches wie beim erweiterten Infinitiv gilt für das **erweiterte Partizip** (Mittelwort). Aber auch hier bleibt für dein Sprachgefühl viel Raum.

Kein Komma

1. Kein Komma steht bei **einzelnen Partizipien** oder **kurzen Partizialgruppen:**

Seufzend setzte sich der Bettler zu uns. *(Partizip I)*
Erschöpft brachen wir das Handballspiel ab. *(Partizip II)*

Laut seufzend setzte sich der Bettler zu uns.
Völlig erschöpft brachen wir das Handballspiel ab.

Komma möglich

2. Bei **aus mehreren Wörtern bestehenden Partizipialgruppen kann ein Komma stehen:**

Alle Strapazen des Aufstiegs vergessend(,) ließen wir uns unter dem Gipfelkreuz nieder.
Der Häuptling sank(,) wie vom Blitz getroffen(,) zu Boden.

Komma nach hinweisenden Wörtern und bei nachgetragenem Partizip

3. Auch beim Partizip gilt: **Nach hinweisenden Wörtern muss das Komma stehen** und auch dann, wenn das erweiterte **Partizip nachgetragen** wird.

Isabell stand **so,** mit einem Matrosenanzug bekleidet, auf der Tanzfläche.

So, hemmungslos weinend, kannst du dich vor der Klasse nicht sehen lassen.

Der Motorradfahrer**, über und über mit Dreck bespritzt,** nahm den silbernen Pokal in Empfang.

Philipp begrüßte uns an der Wohnungstür**,** **aus vollem Halse lachend.**

DIKTAT 21

Der folgende Text enthält zahlreiche Kommas. Lass ihn dir diktieren und prüfe dann, ob alles gelungen ist.

Begründe, warum die Kommas stehen müssen. Der Lösungsteil hilft dir, wenn nötig, weiter.

Auf Schatzsuche

Peter**,** unser Anführer**,** hatte den Stollen auf seinen Streifzügen entdeckt. Nun standen wir alle vor der niedrigen Öffnung**,** die mit Brombeerranken und Efeu zugewachsen war. Von Eifer und Abenteuerlust erfasst(,) überlegten wir**,** was zu tun sei. Regina zog ihre Taschenlampe aus dem Gürtel**,** knipste sie an und leuchtete in die Finsternis hinein. Ehe wir uns versehen hatten**,** bahnte sich Peter auf allen vieren den Weg in die Höhle. Rainer**,** Michaela**,** Bernd und ich folgten mit klopfendem Herzen.

Nach einigen Metern hielten wir inne(,) um uns die Höhle anzuschauen. Der Lichtkegel der Taschenlampe war klein**,** aber ausreichend hell. Der Fels über uns funkelte wie eine Krone**,** besetzt mit Edelsteinen und Perlen. Atemlos flüsterte Michaela: „Ich glaube**,** das ist alles Gold und Silber!“

Bernd lachte verächtlich und nahm einen Steinbrocken**,** der am Boden lag**,** in die Hand. „Nein**,** Gold und Silber ist das nicht. Das sind Tausende von Kristallen aus Quarz**,** einer besonderen Form der Kieselsäure. Wenn du reich werden willst**,** dann musst du woanders suchen.“

Wir lachten laut und machten uns auf den Weg(,) um wieder ins Freie zu gelangen. Von dem Vorstoß ins Erdinnere erschöpft und völlig verdreckt(,) kamen wir wieder ans Licht. Eigentlich waren wir froh**,** dass wir unser Abenteuer gut überstanden hatten.

Sonderfall I: Nebensatz und Nebensatz

An dieser Stelle ist zunächst Bekanntes zu wiederholen. Du weißt, dass *Nebensätze* – ob vollständig oder verkürzt – vom Hauptsatz durch Kommas abzutrennen sind:

Ich gehe**, weil ich müde bin,** ins Bett. *(eingeleitet durch Konjunktion)*
Der Fahrer**, dem das Auto gehört,** ist flüchtig. *(Relativsatz)*
Klaus Peter**, unser Torwart,** ist unschlagbar. *(Apposition)*
Die Orchidee**, geheimnisvoll und selten,** steht unter Naturschutz. *(nachgestellte nähere Bestimmung)*
Gemeinsam gehen wir ins Museum(,) **um uns eine alte Ritterrüstung anzuschauen.** *(erweiterter Infinitiv)*

Der König**, von all seinen Anhängern verlassen,** entsagte dem Thron. *(nachgestelltes erweitertes Partizip)*

Gelegentlich treffen innerhalb eines Satzes *mehrere Nebensätze* aufeinander:

Als die Hunnen, die aus den Steppen Asiens stammten, nach Europa eindrangen, verbreiteten sie Furcht und Schrecken.
Wenn wir in die Stadt fahren, weil heute schulfrei ist, können wir auch ins Museum gehen.

In diesen und ähnlichen Sätzen wirst du kaum Schwierigkeiten haben die Kommas richtig zu setzen.

In einem Fall ist es zwar möglich, ein Komma zu setzen, aber nicht notwendig:

Hauptsatz **,** (Komma) **Nebensatz** **(,) und/oder** (Komma freigestellt) **Nebensatz**

Die Gäste gingen ins Haus, **als es kühler wurde(,)** und **als von Westen ein Gewitter aufzog.**
Ich rufe dich an, **wenn ich meine Hausaufgaben fertig habe(,)** oder **wenn ich dich etwas fragen muss.**

1. In diesen Beispielen sind zwei **Nebensätze gleichen Grades** durch **„und"** oder **„oder"** miteinander verbunden. In diesem Fall muss vor „und" oder „oder" **kein** Komma stehen.
2. Das gilt übrigens auch dann, wenn *unterschiedliche Konjunktionen* verwendet werden:

Der Forscher überquerte den Grenzfluss, **weil das Abenteuer lockte(,)** und **obwohl er die Gefahren kannte.**

Übung 6

Lass dir die folgenden Sätze diktieren oder schreibe sie sorgfältig ab. Auf welche Sätze beziehen sich die oben genannten Regeln 1 und 2?

Ich weiß, dass du zwölf Jahre alt bist **und** gerne Gameboy spielst.
Wir suchen einen Ferienort, an dem man segeln **oder** reiten kann.

Der Reporter notierte, wann sich der Unfall ereignet hatte(,) **und** wann die Polizei eingetroffen war.
Ob ich dich an Weihnachten besuche(,) **und** ob ich drei Tage bleiben kann, ist noch völlig offen.
Klaus fragt mich, was er tun soll(,) **oder** was er zu lassen hat.
Bevor wir in Urlaub fahren(,) **oder** bevor du mit deiner Lehre anfängst, sollten wir uns noch einmal treffen.

Julia geht nach Amerika, wenn sie die mittlere Reife bestanden hat(,) **und** bevor sie aufs Gymnasium wechselt.
Wohin die Reise geht(,) **und** ob wir überhaupt in Urlaub fahren, weiß ich noch nicht.
Wir suchen jemand, der beim Grillen hilft(,) **oder** dem wir die Kasse anvertrauen können.
Wenn du zum Singen zu faul bist(,) **oder** solange du wie ein Rabe krächzt, kannst du nicht am Chor teilnehmen.
Was Tom werden will(,) **und** ob er studieren wird, weiß er noch nicht.

Sonderfall II: Hauptsatz und Hauptsatz

Auf Seite 128/129 hast du gelernt, wie das **Komma zwischen Nebensätzen** gleichen Grades zu verwenden ist. Ähnliches gilt für Hauptsätze:

Die Sonne scheint, die Vögel zwitschern.
(Komma: Aufzählung zweier Hauptsätze ohne „und" und „oder")

Vor und/oder kein Komma

Kein Komma steht, wenn *zwei selbstständige Hauptsätze* durch **und, oder, beziehungsweise, weder – noch** oder **entweder – oder** verbunden sind. (Ausnahmen sind möglich, wenn die Gliederung der Satzverbindung deutlich gemacht werden soll.)

Die Sonne scheint und die Vögel zwitschern.
Hans schreibt einen Brief oder er spielt am Computer.
Ich habe weder das Geld für einen neuen Fotoapparat
noch kann ich mir ein neues Zelt leisten.
Entweder sagst du die Wahrheit oder du hältst deinen Mund!

Übung 7

Übertrage die Sätze in dein Heft. Die Fragezeichen markieren die Stellen, wo möglicherweise Kommas gesetzt werden müssen. Begründe deine Entscheidung.

Die Pfadfinder sammeln Altpapier, weil sie die Umwelt entlasten möchten(?) und weil sie gleichzeitig ein paar Mark für ihr Ferienlager im kommenden Sommer verdienen.
Karl züchtet Kakteen(?) und Gaby sammelt Versteinerungen.
Wenn du gern Sport treibst(?) und wenn du zweimal in der Woche zum Training kommen kannst, dann bist du unser Mann!

Du kannst den Garten umgraben(?) oder ihr müsst gemeinsam das Holz sägen.
Der Dieb kam ins Haus, während wir schliefen(?) und bevor es hell wurde.
Willst du dir für das Geld ein Paar Turnschuhe kaufen(?) oder möchtest du lieber ein buntes T-Shirt?

Übung 8

Hier sind noch einmal verschiedene Satzkonstruktionen zusammengetragen. Übertrage sie in dein Heft und ergänze die Kommas, wo nötig. Diesmal fehlt das Fragezeichen, das die Stelle markiert. Du dürftest aber dennoch keine Schwierigkeiten haben.

Wie man sich bettet so liegt man.
Ich rufe dich an wenn ich zum Training gehe.
Liebst du mich so liebe ich dich!
Das Buch das ich gekauft habe ist sehr spannend.
Wo man singt da lass dich ruhig nieder!
Ohne zu fragen nahm Klemens das Fahrrad.

Wir raten Ihnen das Grundstück zu verkaufen.
Von der Aussichtslosigkeit seines Vorhabens überzeugt machte sich der Bergsteiger auf den Rückweg.
Der Wind ließ nach und die Wolken lösten sich auf.
Wir essen wenn du deine Hausaufgaben gemacht hast und wenn Vater von der Arbeit kommt.
Liebe Julia ich wollte dir schon lange schreiben.
Petra ist gescheit aber doch etwas träge.

Wir fahren nicht nach Würzburg sondern nach Bamberg.
Wir suchen eine Wohnung günstig gelegen und geräumig für unsere Familie.
Sebastian der Junge von nebenan hat mir sein Skateboard geliehen.
Michael sammelt Briefmarken Münzen Telefonkarten und Filmplakate.
Mein Bruder stand vor Sonnenaufgang auf traf sich mit seinen Freunden am Ufer des Sees und ruderte mit ihnen zur Schlangeninsel.

Die wichtigsten Kommaregeln auf einen Blick

1. **Zwei Hauptsätze** werden durch ein Komma voneinander getrennt. Das gilt aber nicht, wenn sie mit „und“ oder „oder“ verbunden sind.

Das Wasser rauscht'**,** das Wasser schwoll.
Peter liest ein Buch **und** Hanna strickt.
Gehst du ins Kino **oder** sollen wir Schach spielen?

2. **Nebensätze** werden durch Kommas vom Hauptsatz getrennt.
Sie sind oft an einer *Konjunktion* oder an einem *Relativpronomen* bzw. *Relativadverb* zu erkennen.

Wir legten uns an den Strand**, nachdem** wir gebadet hatten.
Ist das der Anorak**, den** du vermisst hast?
Der Film**, von dem** du erzählt hast**,** läuft bei uns im Kino.
(eingeschlossener Nebensatz = zwei Kommas)
Hilfst du mir**,** so helfe ich dir. *(nicht eingeleiteter Nebensatz)*

3. **Erweiterte Infinitive und Partizipien** werden in der Regel nicht durch Kommas vom Satz getrennt. (Ausnahme, wenn der Schreiber Missverständnisse vermeiden oder die Gliederung des Gesamtsatzes deutlich machen möchte.)

Ich bat ihn mir ein Bonbon **zu geben.**
Von Hunger und Durst **bezwungen** verließen sehr viele Ansiedler ihr Dorf.
aber: Ich versprach**,** dir zu helfen. – Ich versprach dir**,** zu helfen.

Das Komma muss **nach hinweisenden Wörtern** oder **bei Nachstellung** stehen:

Ich liebe **es,** lange zu schlafen.
Peter**, vom langen Warten ermüdet,** gab auf.

4. Nachgestellte nähere Bestimmungen und **Appositionen** werden durch Kommas vom Satz abgetrennt.

Herr Kühn**, unser Abteilungsleiter,** geht in einem Jahr in den Ruhestand. *(Apposition)*
Das Hauptgericht**, schmackhaft und reichlich,** fand überall Anklang. *(nachgestellte nähere Bestimmung)*

5. Die einzelnen **Glieder einer Aufzählung** werden durch Kommas voneinander getrennt – außer wenn sie durch „und" oder „oder" miteinander verbunden sind.

Im Garten blühen rote**,** blaue**,** gelbe Blumen.
Zum Namenstag habe ich ein Buch**,** zum Geburtstag ein Taschenmesser **und** zu Weihnachten ein Münzalbum bekommen.
Willst du Mineralwasser **oder** Saft **oder** Milch?

6. Vor **entgegensetzenden Konjunktionen** steht ein Komma.

Ich habe zwei Brüder**, aber** keine Schwester.
Mein Onkel ist nicht Bäcker**, sondern** Metzger.

7. Anreden und **Ausrufe** werden durch Komma vom übrigen Satz abgetrennt.

Liebe Manuela, endlich kann ich mich melden.
Vorsicht, der Esel beißt!

Abschließend zwei Fälle, bei denen oft Fehler gemacht werden:

Kein Komma bei adverbialen Bestimmungen und bei einfachen Vergleichen

1. **Adverbiale Bestimmungen** (Umstandsbestimmungen) werden **nicht** durch Komma vom Satz abgetrennt.

   An den Ufern des Rheins stehen zahllose Burgen.

2. **Bei einfachen Vergleichen** steht ebenfalls **kein** Komma.

   Ich kenne dich **als einen ehrlichen Menschen.**
   Wir fielen über das Abendessen her **wie eine Schar ausgehungerter junger Bären.**

DIKTAT 22

Lies zunächst den Text laut vor. Sicher erkennst du, wie die Kommas als Lese- und Verständnishilfen verwendet werden können. Lass ihn dir erst dann diktieren (eventuell jeweils nur einen Teilabschnitt). Achte auf die richtige Verwendung des Kommas.

Der Wald

1. Abschnitt: Nutzen und Schutz

Der Wald hat eine Nutz-**,** Schutz- und Erholungsfunktion. Die Besitzer können die Bäume**,** wenn sie eine bestimmte Größe erreicht haben**,** einschlagen lassen und zur Weiterverarbeitung verkaufen. Im Sägewerk werden die Stämme in Balken**,** Bretter und Latten zerlegt**,** die unter anderem beim Hausbau Verwendung finden. Aus besonders kostbaren Hölzern fertigen Spezialfabriken hauchdünne Furniere(,) um damit unsere Möbel zu schmücken. Der aus Holz gewonnene Zellstoff dient zur Herstellung von Papier**,** aber auch von Verbandsmaterial und Kunstfasern. Dass große Mengen Holz immer noch zum Heizen gebraucht werden**,** gerät oft in Vergessenheit.

Zusammenhängende Wälder sind Rückzugsgebiete für seltene Tierarten**,** z. B. für Hirsche**,** Luchse oder Adler. Sie tragen dazu bei**,** unser Klima zu regulieren**,** und speichern das Regen- und Grundwasser wie ein Schwamm. Wenn sie unüberlegt**,** maßlos abgeholzt werden**,** kommt es zu Störungen im Haushalt der Natur. Nicht selten sind Trockenzeiten**,** manchmal auch verheerende Überschwemmungen die Folge. Im Gebirge bedrohen Lawinen und Schneebretter**,** die sonst von den Wäldern aufgehalten wurden**,** tiefer liegende Dörfer. Viel zu spät besinnen sich die Bewohner auf Gegenmaßnahmen(,) um sich vor schlimmen**,** lebensbedrohenden Katastrophen zu schützen.

2. Abschnitt: Ort der Erholung und der schönen Erlebnisse

Für viele Menschen ist der Wald ein Ort**,** der Freude und Erholung spendet. Wer in der Enge der Stadt wohnt und kaum Gelegenheit hat(,) Pflanzen und Tiere zu studieren**,** findet hier**,** was er sucht. Vielleicht macht er sich mit Gleichgesinnten auf den Weg(,) um im Frühling**,** im Sommer**,** Herbst oder Winter eine abgelegene Gegend zu durchwandern. Sicher kommt er dann nach Tagen oder Stunden

zurück mit dem Gefühl(,) etwas besonders Schönes, etwas Erhebendes erlebt zu haben.
Wir alle, Frauen und Männer, Kinder und Greise, sind aufgerufen(,) den Wald zu schützen, weil er durch nichts anderes zu ersetzen ist. Mit Recht werden uns nachfolgende Generationen dafür verantwortlich machen, wenn wir ihn mutwillig zerstören. Doch dazu, so meine ich, muss es ja nicht kommen!

Rund 30% der Fläche Deutschlands sind mit Wald bedeckt.

Zum Abschluss des Kapitels noch ein paar Sprichwörter und bekannte Zitate, bei denen das *Komma* nicht fehlen darf:

Reden ist Silber, Schweigen ist Gold.
Lerne nur das Glück ergreifen, denn das Glück ist immer da.
Spare in der Zeit, dann hast du in der Not.
Wer den Pfennig nicht ehrt, ist des Talers nicht wert.
Wenn einer eine Reise tut, dann kann er viel erzählen.
Ich singe, wie der Vogel singt.
Nur wer die Sehnsucht kennt, weiß, was ich leide.
Suchet, so werdet ihr finden.
Wir leben nicht um zu essen, sondern wir essen um zu leben.

Kannst du erklären, weshalb die Kommas an den betreffenden Stellen stehen müssen?

HIER KOMMT ES „AUFS WORT" AN

Die Anführungszeichen

Wann werden die Anführungszeichen verwendet?

Die Anführungszeichen stehen vor und nach einer *wörtlich wiedergegebenen Äußerung*. Das gilt auch für einen *wörtlich wiedergegebenen Gedanken.*

Cäsar sagte: **„Ich kam, sah und siegte."**
Carmen dachte: **„Hätte ich doch den Schlüssel versteckt!"**

Anführungszeichen dienen darüber hinaus

- zur Kennzeichnung eines wörtlichen Zitats,
- zur Wiedergabe von Überschriften und Titeln und
- zur Hervorhebung einzelner Wörter oder Wortgruppen.

„Die Würde des Menschen ist unantastbar**"**,
heißt es im Grundgesetz.
In der Schule lesen wir zur Zeit das Schauspiel
„Der fröhliche Weinberg**"** von Carl Zuckmayer.
Wir haben seit Jahren **„**Die Zeit**"** abonniert.
Die Bedeutung des Wortes **„**Frau**"** hat sich über die Jahrhunderte stark verändert.

Bei der Verwendung der Anführungszeichen in Verbindung mit anderen Satzzeichen ist die *Reihenfolge* nicht unwichtig. Hier folgen die Regeln und Beispiele für die Möglichkeiten, die es gibt

Gesamter Satz zwischen den Anführungszeichen

1. Der **gesamte Aussage-, Frage-** oder **Aufforderungssatz** mit Punkt, Fragezeichen oder Ausrufezeichen steht **zwischen** den Anführungszeichen.

„Mein Name ist Konrad Müller**."**
„Kannst du mir dein Fahrrad leihen**?"**
„Lasst gefälligst diesen Unfug**!"**

Doppelpunkt nach der Redeeinführung

2. Am Ende der **Redeeinführung** steht ein **Doppelpunkt.** Sonst ändert sich nichts.

Der Junge sagte**:** **„**Mein Name ist Konrad Müller**.“**

Komma nach dem Anführungszeichen

3. Bei der **nachgestellten Redeeinführung** steht das Komma **nach** dem schließenden Anführungszeichen. Das gilt sowohl für den **Aussagesatz** als auch für den **Frage- und Aufforderungssatz.**

„Mein Name ist Konrad Müller**“,** sagte der Junge.

Frage- und Ausrufezeichen vor dem Anführungszeichen

Beim **Frage- und** beim **Aufforderungssatz** stehen das Fragezeichen und das Ausrufezeichen **vor** dem Anführungszeichen.

„Kannst du mir dein Fahrrad leihen**?“**, fragte Karin.
„Lasst gefälligst diesen Unfug**!“**, tobte der Lehrer.

Hier sind die einzelnen Fälle schematisch zusammengefasst:

~~~~~~~~: „________________.“
~~~~~~~~: „________________?“
~~~~~~~~: „________________!“

„________________“, ~~~~~~~~.
„________________?“, ~~~~~~~~.
„________________!“, ~~~~~~~~.

Unterbrechung der wörtlichen Rede

4. Es kommt auch vor, dass die **wörtliche Rede unterbrochen wird:**

„Wenn wir den Gasthof erreicht haben“**, stöhnte mein Vater,** „dann machen wir eine kurze Pause.“

„________“, ~~~~~~~~, „________.“
~~~~~~~~

Übung 1

Nun kannst du zeigen, ob du die Regeln für die Anführungszeichen verstanden hast. Übertrage die Sätze in dein Heft, ergänze auch die übrigen Satzzeichen.
Vergleiche sehr genau mit den Lösungen auf Seite 158.

Du kannst deine Sätze auch anhand der Beispiele auf Seite 136/137 überprüfen.

Der Matrose schrie aufgeregt Mann über Bord
Der Angestellte fragte Möchtest du den ganzen Betrag auf dein Sparbuch einzahlen
Kann ich Sie kurz sprechen fragte die Abteilungsleiterin
Wenn ihr mit euren Aufgaben fertig seid sagte der Lehrer dann könnt ihr heimgehen
Soll ich euch morgen Waffeln backen fragte Tante Johanna oder lieber Pfannkuchen
Ich habe die Brieftasche nicht gestohlen klagte der Verhaftete

DIKTAT 23

Hier folgt nun ein leichter, aber doch recht umfangreicher Übungstext. Lass ihn dir am besten in zwei Raten diktieren.
Achte vor allem auf die Kommasetzung und auf die richtige Verwendung der Anführungszeichen.

Gefangen

Gerade meiner Hütte gegenüber lag eine bedeutend größere, vor deren Tür drei Schilde angelehnt waren. Auf den Ruf der Wächter wurden die Vorhänge zurückgeschlagen und ein dunkler Mädchenkopf erschien um nach der Ursache des Lärms auszuschauen. Zwei schwarze, feurige Augen ruhten auf mir und dann verschwand das Köpfchen wieder. Zwei Sekunden später traten vier Häuptlinge auf uns zu. Sie winkten gebieterisch, sodass sich die Wächter zurückzogen.

„Was tut das Bleichgesicht hier vor der Hütte?", fragte einer von den Häuptlingen.

„Ich höre wohl nicht recht", entgegnete ich. „Mein roter Bruder will wohl fragen, was die zwei roten Krieger hier vor meiner Hütte tun."

„Sie sorgen dafür, dass dem Bleichgesicht nichts Böses geschieht, und darum soll der weiße Mann in seiner Hütte bleiben."
Ich antwortete: „Hat der große Häuptling so schlimme Männer unter seinen Kriegern oder gilt sein Befehl so wenig, dass er seinen Gast mit Wächtern schützen muss? Old Shatterhand braucht keinen Wächter, denn seine Faust wird jeden zerschmettern, der Böses sinnt und Lügen denkt. Meine roten Brüder können ruhig wieder in ihre Hütte treten. Ich werde mir ihr Dorf ansehen und dann kommen um mit ihnen zu reden."

Ich trat in die Hütte zurück um meine Gewehre, die ich natürlich nicht zurücklassen durfte, mit mir zu nehmen. Als ich aber wieder ins Freie wollte, starrte mir wohl ein Dutzend Lanzen entgegen. Also gefangen! Sollte ich mich wehren oder nicht? Ich ging zur hinteren Seite des Zeltes, holte mit dem Kriegsbeil aus und schlug durch das harte Leder ein Loch, durch welches ich das Zelt verlassen konnte. Als ich jetzt hinten erschien, während sie vorn Wache hielten, bekam ich zunächst außerordentlich verdutzte Gesichter zu sehen und dann erhob sich ein Geschrei, als ob sich hundert Bären von ihren Ketten losgerissen hätten. Die Häuptlinge waren wieder in ihr Zelt zurückgekehrt. Jetzt kamen sie abermals hervor, und zwar mit einer Eile, die sich sehr wenig mit ihrer Würde vereinbaren ließ. Sie drängten sich durch die Krieger hindurch und es schien, als ob sie mich fassen sollten.

(nach Karl May: „Winnetou III")

Alltag im Indianerdorf (rechts im Bild ein Hochgrab)

Wiederhole erst noch einmal die Verwendung der Anführungszeichen – in Verbindung mit Punkt, Ausrufezeichen, Fragezeichen und Komma –, bevor du dir die folgende dramatische Geschichte diktieren lässt.
In dem kurzen Anhang werden Buch-, Zeitungs- und Gedichttitel, aber auch Zitate durch Anführungszeichen herausgehoben.

In der Sturmnacht

John Knox saß an seinem Telegrafentisch und legte den Kopf auf die Arme, als wenn er eingeschlafen wäre.
Unser Führer gab ihm einen Schlag auf die Schulter. „John Knox, wach auf, Mann!", rief er ungeduldig. „Ich dachte schon, es wäre ein Unglück geschehen."
Der Angeredete zitterte am ganzen Leibe und sagte dann: „Ja, ein Unglück. So muss es sein."
„Was soll denn passiert sein?"
Knox wies auf den Telegrafentisch und antwortete mit heiserer Stimme: „Ich kann vom anderen Ende der Eisenbahnbrücke keine Antwort erhalten. Auf unserer Seite hat der Sturm alle Leitungen zerstört. Aber auf der Brücke können sie nicht reißen, weil sie in die Balken eingelassen sind. Seit der letzte Zug von hier abgegangen ist, habe ich kein Zeichen gehört." Er trat an den Tisch und klopfte wie wütend auf die Taste des Instruments. „Die Brücke ist zusammengebrochen."

„Großer Gott!", rief unser Führer. „Das ist nicht möglich. Und was ist mit dem Zug?"
„Der Zug", erzählte Knox keuchend, „kam durch wie gewöhnlich. Mein Sohn George stand auf der Lokomotive. Weil er Verspätung hatte, drängte er auf Eile und fuhr los. Man konnte kaum aus den Augen

sehen, so stürmte es. Eine Zeit lang sah ich noch die roten Lichter am letzten Wagen. Dann mit einem Mal waren sie verschwunden, wie ausgeblasen."
Uns stockte der Atem. „Und?", fragte unser Führer bebend.
„Ich dachte nicht gleich daran, was es bedeuten könnte. Erst fünf Minuten später packte mich die Angst. Aber was sollte ich tun?"
Wir schwiegen, weil wir längst begriffen hatten, was mit größter Wahrscheinlichkeit geschehen war.
Endlich nahm ich das Wort. „Wir müssen etwas tun", sagte ich leise, „auch wenn man auf der Brücke kaum gehen und stehen kann, solange der Sturm anhält. Aber wir brauchen Gewissheit."
Als sich Knox einigermaßen gefasst hatte, machten wir uns auf den Weg.

(frei nach Max Eyth)

Und hier der ergänzende Text, bei dem es auch um Anführungszeichen geht. Lass ihn dir zur Vertiefung deiner Kenntnisse diktieren. Unterscheide und erkläre die Verwendung der Anführungszeichen an den betreffenden Stellen.

Zwei Schriftsteller – ein Thema

Der Schriftsteller Max Eyth erzählt die Geschichte von der durch den Sturm zerstörten Brücke in seinem Buch „Hinter Pflug und Schraubstock". Er nannte dieses Werk „Skizzen aus dem Taschenbuch eines Ingenieurs". Tatsächlich war der Verfasser vor allem ein ausgesprochen tatkräftiger und erfolgreicher Techniker. In einem Artikel der Wochenzeitung „Die Zeit" wird er im Zusammenhang mit der Verbreitung arbeitssparender Landmaschinen als „Entwicklungshelfer" bezeichnet.
Die Geschichte vom Einsturz einer Eisenbahnbrücke, einem vielbestaunten „Wunder der Technik", wurde auch von Theodor Fontane in seinem dramatischen Gedicht „Die Brücke am Tay" verwendet. Es findet sich in vielen Lesebüchern abgedruckt.

ERGÄNZUNG UND VERDEUTLICHUNG

Der Bindestrich

Ersatz für einen gemeinsamen Wortteil

Für dich ist vor allem der **Ergänzungsbindestrich** interessant. Er ersetzt einen Wortteil, der wiederholt wird:

Tag- und Nacht**dienst**	zwei- bis drei**mal**
Buchen-, Eichen- und Fichten**holz**	**tag**aus und -ein
Hoch- und Tief**bau**	**Eisen**gewinnung und -verarbeitung

Andere Fälle kommen seltener vor.

Gliederung überlanger Wörter

1. Zusammengesetzte Wörter werden zumeist ohne Bindestrich geschrieben. *Ausnahmen* sind möglich, wenn Missverständnisse drohen, wenn die Bandwurmwörter unübersichtlich werden oder wenn drei gleiche Buchstaben aufeinander treffen:

Drucker-Zeugnisse   Druck-Erzeugnisse
Arbeiter-Unfallversicherung   Tee-Ernte

Wortbildung mit einzelnen Buchstaben, Ziffern und Formelzeichen

2. Der Bindestrich steht auch bei **Zusammensetzungen mit Einzelbuchstaben, Formelzeichen** und **Ziffern:**

i-Punkt   A-Dur   α-Strahlen   die 10-Jährige/10-jährig

Beachte: Kein Bindestrich steht allerdings bei **Ableitungen** von Zahlen:

3fach   10%ig   3½prozentig   80er

Aneinanderreihungen, die ein neues Wort bilden

3. Bei **Aneinanderreihungen** verhilft der Bindestrich zur erforderlichen Klarheit:

100-m-Lauf   Dortmund-Ems-Kanal   Nord-Süd-Gefälle
Johann-Sebastian-Bach-Straße   Hals-Nasen-Ohren-Arzt

▪ Übung 1 ▪

Bei dieser Aufgabe kannst du die Verwendung des Bindestrichs trainieren. Es fällt dir sicher leicht, die Satzlücken zu füllen.
Die passenden Wörter und Wortzusammensetzungen findest du in der folgenden Liste.

Ost-West-Verbindungen	Boden- und Geräteturnen
hin- und herlaufen	Kfz-Steuer
drei- oder viermal	Zeitungs- und Zeitschriftenhandel
4-jährige	lind-, moos- und flaschengrün
Ein- und Ausgänge	20-Pfennig-Marke
Trimm-dich-Pfad	SO_2-haltige
H-Milch	tier- und pflanzenreich
Rot- und Weißweine	ein- und auszuspannen

Die … befinden sich im Untergeschoss.
Unsere … sind von hervorragender Qualität.
Von allen Hallensportarten mag er … am liebsten.
Das Sonderheft ist im … erhältlich.

Dieses Medikament müssen Sie … täglich einnehmen.
Die tropischen Urwälder sind überaus …
Diesen Pullover gibt es …

Ihr könnt nicht dauernd …
Der Knecht hatte die Aufgabe die Pferde rechtzeitig …

Die … lässt sich erstaunlich lange aufbewahren.
Die … wird einmal jährlich von Ihrem Girokonto abgebucht.
… Abgase schädigen die Laubbäume an der Straße.

In den letzten Jahren hat der Verkehr auf den … dramatisch zugenommen.
Der neue … wurde durch die finanzielle Unterstützung der Krankenkassen ermöglicht.
Das … Mädchen ist eine richtige Wasserratte.
Auf diesem Brief fehlt noch eine …

LÜCKENFÜLLER FÜR WEGGELASSENES

Der Apostroph

Der Apostroph steht dort, wo **Laute oder Buchstaben ausgelassen** wurden. Er wird heute aber nur noch sehr sparsam verwendet.

Apostroph bei Auslassungen

1. Ein Apostroph steht für ein **ausgelassenes e** oder für andere **ausgelassene Wortteile.** Das gilt vor allem dann, wenn die verkürzten Wortformen schwer lesbar oder missverständlich wären:

So'n Sauwetter! (so ein) – 's ist nicht zu fassen. (es)

Kein Apostroph bei Verschmelzungen mit „das"

Vorsicht! Der Apostroph steht nicht, wenn das Wort **„das"** mit einer Präposition verschmolzen wird:

Wir gehen ins (in das) Theater.
Die Pfadfinder sammeln fürs (für das) Zeltlager.

Der Apostroph muss auch nicht stehen, wenn das Pronomen **„es"** verkürzt wird:

Gibts etwas zu essen? – Wir gehen heim, wenns regnet.

Apostroph beim Genitiv der Namen auf s, z und x

2. Der Apostroph steht bei **Namen auf s, z oder x**, wenn der Genitiv angedeutet werden soll:

Theodor Heuss' Antrittsrede

Allerdings wirkt dieser „erzwungene Genitiv" nicht besonders elegant. Besser ist es, wenn du ihn umschreiben kannst:

die Antrittsrede von Theodor Heuss

3. Der Apostroph steht gelegentlich bei **Abkürzungen** oder **Verdeutlichungen:**

Ku'damm (Kurfürstendamm)
der Goethe'sche „Faust" (*oder:* der goethesche Faust)

DAS ZIEL IST ERREICHT

Ein letztes Wort …

Nun sind wir gemeinsam am Endpunkt angekommen. Ich hoffe, dass dir die Arbeit trotz allem Spaß gemacht hat. Wenn du fleißig und interessiert weiterarbeitest, dann wird der Erfolg sicher nicht ausbleiben.

Regelmäßiges Üben bringt Erfolg.

Gelegentlich solltest du dieses Buch wieder einmal zur Hand nehmen um deine Kenntnisse aufzufrischen. Das gilt besonders dann, wenn du unsicher bist oder wenn sich bestimmte Fehler erneut häufen. Du erinnerst dich: Der Nutzen unseres gemeinsamen Tuns ist dann besonders groß, wenn du die Fehler entschlossen und systematisch bekämpfst.

Denk dran: Wiederholen tut gut!

Aus Erfahrung weiß ich, dass viele Jungen und Mädchen, die am Anfang große Schwierigkeiten hatten, eines Tages jeden Text sicher und überlegen meistern. Die Rechtschreibfehler und die tückischen Kommas haben längst ihren Schrecken verloren.

Am Ende steht dann die Meisterschaft!

Das wünsche ich auch dir. Spätestens dann kannst du sagen: Die Mühe hat sich gelohnt!

Alles Gute und tschüs!

WO FINDE ICH WAS?

Register

Das alphabetische Stichwortverzeichnis kann dir helfen, wenn du ein bestimmtes Thema suchst. Große Themenbereiche, wie z. B. „Komma“ oder „Konsonanten“, sind untergliedert.

A

B

C

D

E

F

G

H

I

K

LÖSUNGEN

Kurzer oder langer Vokal?

Seite 11
ÜBUNG 1
langer Vokal: der Hut, er, die Miete, der Kahn, logisch, der Käfig, schön, die Lüge
kurzer Vokal: wandern, toll, schlucken, das Wetter, in, kräftig, die Frösche, die Lücke

Langer Vokal

Seite 13
ÜBUNG 1
mögliche Reimwörter: die Bahn, der Kahn, die Lahn (Fluss), der Wahn
Ausnahme: der Kran (Hebekran)
begehren, kehren, bekehren, belehren vermehren, versehren (verwunden), wehren, abwehren, zehren, verzehren
Ausnahmen: die Beeren, verheeren, leeren (leer machen), überqueren, teeren
lohnen, die Drohnen (männliche Bienen), thronen
Ausnahmen: schonen, vertonen (der Ton), die Zonen

Seite 14
ÜBUNG 2
Denkmal, Wal, Speiselokal, Bar, Kur, Tenor, Ware, Festsaal, Bach-Chor (Bachchor), hören

Seite 16
ÜBUNG 3
Einige Vorschläge für Wortableitungen:
der Saal – Saaltür, Saalordner, Betsaal, Festsaal, Wartesaal
der Aal – sich (in der Sonne) aalen, Aalreuse, Räucheraal
die Saat – Saatgut, Saatkrähe, Aussaat, Wintersaat
das Paar *(zwei zusammengehörige Teile)* – Ehepaar, Geschwisterpaar, paarweise, paaren, Paarung, Paarlauf
der Staat – Staatsanwalt, Staatsbürger, Staatsgeheimnis, Staatsbesuch, Bundesstaat, Freistaat, Vereinigte Staaten, staatlich, staatenlos, verstaatlichen
das Aas – aasen, Aasgeier, Aasfresser
die Waage – waagerecht, Waagschale, Feinwaage, Goldwaage, Apothekerwaage

Seite 18
ÜBUNG 4
mögliche Reimwörter: der Riese (*Ausnahme:* die Brise = Seewind); das Ziel, der Stiel, das Spiel, der Kiel; der Mief, er lief, sie rief, ich schlief; wieder, nieder, der Flieder, die Lieder, das Mieder; die Fliege, die Riege, die Wiege, die Ziege; nie, das Vieh, wie, sie; das Wiesel; fliegen, kriegen, liegen, siegen, die Ziegen; beschmieren, blamieren, gefrieren; schwierig, schmierig
(Zahlreiche andere Wörter sind möglich.)

Seite 19
ÜBUNG 5
gedei**h**en, lei**h**en, se**h**en, verzei**h**en, gesche**h**en
Du siehst: Die Infinitive enthalten bereits ein h.

Seite 20
ÜBUNG 6
wiedergefunden, widersprechen, Wiedergabe, widerrechtlich, Wiederwahl, Widersacher

Kurzer Vokal

Seite 24
ÜBUNG 1
Gruppe 1: still, das Wetter, bellen, knurren, stumm, verwirrt, das Wasser, knabbern
Auf den Vokal folgt hier immer ein verdoppelter Konsonant.
Gruppe 2: wild, der Ort, der Durst, bald, der Wanst, sanft, ernst
Auf den Vokal folgen zwei oder drei unterschiedliche Konsonanten.

Seite 25
ÜBUNG 2
Wörter mit Doppelkonsonanten: die Ebbe, verheddern, affig, die Egge, hell, das Komma, rennen, die Suppe, dürr, die Kasse, fettig
Möglicherweise sind dir ganz andere Wörter eingefallen.

Seite 27
ÜBUNG 4
er ging, er stand, er biss, er fiel, er ließ; gib, nimm, lass

Seite 31
ÜBUNG 5
Ratten, Kelle, stehlen, Bieter, Rosse, Koma, Hütte, Kanne, Sippe, Blütenpollen, Gruppe

Die Doppellaute

Seite 33
ÜBUNG 1
Kaiser, Hainen, Mais, Mai, Wiesenrain, Hai, Halbwaise, Maid, Käselaib, Bai, Laie, Saiteninstrumente, Obstmaische, Laich

Seite 34
ÜBUNG 2
die Braut, blau, die Frau, faul, der Gaul, glauben, das Haus, laut, die Mauer, der Rauch, der Raum, sausen, sauber, sauer, der Schaum, das Tau, der Traum, der Zaun

Seite 34/35
ÜBUNG 3
Eule, Verbeugung, Beute, Beutel, deutlich, freuen, vergeuden, Heuer, Kreuz, erneuern, bereute, Seufzer, Teufel, Treue, Erzeugnisse

Seite 35
ÜBUNG 4
denkbare Ableitungen und Zusammensetzungen: deutlich, die Deutung, die Bedeutung, andeuten, umdeuten …
freuen, erfreuen, erfreulich, unerfreulich, die Vorfreude, der Freudentag, das Freudenfest …
feurig, feuern, die Feuerwehr, das Feuerzeug, anfeuern, das Lagerfeuer, das Leuchtfeuer, die Feuerung …
leutselig, die Bergleute, die Hauptleute …
die Neuheit, die Neugier, erneuern, der Neuwert, brandneu, die Neuerung …
die Scheu, scheuen, lichtscheu, wasserscheu, menschenscheu …

Ähnlich klingende Konsonanten

Seite 38
ÜBUNG 2
Einige Vorschläge für verlängerte Formen:
graben, taube Ohren, herbe Schokolade, die Kälber, leiden, die Rinder, die Wunde, ein blindes Huhn, die Kriege, sagen, wenige Tage, betrügen

Seite 40

ÜBUNG 3

Verwandtschaft, beredt, Stadt, lädt, Gesandte, unverwandt, sandten, städtische, gewandt

Seite 41

ÜBUNG 4

bere**dt**, Bere**d**samkeit, gewan**dt**, Gewan**d**, versan**dt**, Versan**d**haus

ÜBUNG 5

Statt, Stadt, Werkstatt, Erinnerungsstätte, stattlich, Statthalter

Seite 43

Bedeutung der Beispielwörter:
intelligent = klug, dekadent = überfeinert/ entartet, permanent = andauernd, vehement = heftig; arrogant = anmaßend, brisant = viel Zündstoff enthaltend (auch im übertragenen Sinne), dominant = beherrschend, galant = höflich, insbesondere Damen gegenüber, interessant = Aufmerksamkeit weckend, kulant = entgegenkommend, militant = streitbar, rasant = rasend schnell, tolerant = duldsam

ÜBUNG 6

-end: der lachende Clown, ein quietschendes Scharnier …
-ent: ein dekadentes Zeitalter, eine intelligente Frage …
-ant: ein galanter Herr, ein brisantes Thema …

Seite 44

ÜBUNG 7

linke Spalte: der Scheintod, todernst, der Freitod, todmüde, die Todesangst, der Seemannstod, der Todfeind, die Todsünde, der Herztod
mittlere Spalte: das Totenhemd, der Totenschein, der Totschlag, die Kriegstoten, totenblass
rechte Spalte: mausetot, scheintot, töten, totlachen, totärgern

Seite 45

ÜBUNG 8

Sei**d** … leiser … – Sei**d** ihr … verlassen? – sei**t** Jahren – sei**t** drei Wochen – … hier sei**d**! – Ihr seid mir … böse. – Sei**t** du … arbeitest … – sei**t**dem

Seite 51

ÜBUNG 9

Klasse, Schloss, Busse, Tasse, Verfassung, messen, fassen, pressen, hässlich, fassbar, essbar, musste, verlassen
Gruß, Füße, Gießerei, fließen, stoßen, gießen, müßig, süßlich, maßvoll, begrüßte, verließt

Seite 53

ÜBUNG 10

weitere Vorschläge für Reimwörter:
fast (*aber:* er fasst – fassen), der Gast, die Hast, der Knast, die Last, der Mast, die Rast
fassen, die Gassen, hassen, die Kassen, die Klassen, die Massen, (die) nassen (Handtücher), passen, aufpassen, die Rassen
fressen, vergessen, Hessen, pressen, versessen, wessen
der Bissen, hissen, die Hornissen, gerissen, wissen, das Gewissen
die Genossen, die Possen, erschossen, die Trossen (Taue), vergossen
die Genüsse, die Flüsse, die Nüsse, die Güsse

Seite 55

ÜBUNG 11

Ich möchte **das** nicht noch einmal erleben. – Wir wissen, **dass** wir uns auf dich verlassen können. – **Das** kannst du in jedem Lexikon nachschlagen. – Nimm doch **das** hier, wenn du dich nicht entscheiden kannst! – **Dass** sich das Wetter verändern würde, war schon am Morgen zu erkennen. – **Das** Wichtigste haben wir miteinander besprochen. – Kolumbus glaubte, **dass** er Indien entdeckt hätte. – **Dass** ich mich so geirrt habe!

Seite 58

ÜBUNG 12

Vesper, Versen, Vettel, Veilchen, Volksvertretung, Vogel

Seite 59

ÜBUNG 13

Wörter mit f: Kraft, Hefe, Stufe, folgen, haften, rufen, Hafen, fegen, feige, fahl, fällen, Haft

Wörter mit pf: Karpfen, klopfen, stopfen, Gipfel, Pfosten, Hopfen, rupfen, schöpfen, pflegen, Pfeffer, Pfeife, köpfen, Pfahl, Zipfel, Apfel, hüpfen, pflügen, Napf, tupfen, Wipfel

Seite 61

Bedeutung der Fremdwörter:

Phänomen = seltenes, außergewöhnliches Ereignis; Phönix = sagenhafter Vogel; Pharao = ägyptischer König; Pharisäer = selbstgerechter, heuchlerischer Mensch; Pharmazie = Arzneimittelkunde; Phase = Entwicklungsstufe, Abschnitt; Philatelie = Briefmarkenkunde; Philosoph = Weisheitslehrer; Phosphor = chemisches Element; Phrase = abgegriffene Redensart; Apostroph = Auslassungszeichen; Biographie = Lebensbeschreibung; Diphtherie = Infektionskrankheit im Rachenraum; Pamphlet = Schmähschrift; Strophe = Abschnitt eines Gedichtes oder Liedes; Trophäe = Jagdbeute, z. B. Geweih

Seite 62

ÜBUNG 14

Vorschläge: der sünd**ige** Gedanke, eine ärger**liche** Verwechslung, das roman**tische** Gedicht, ein mehl**iger** Apfel, das bill**ige** Oberhemd, der winter**liche** Wald, ein lust**iger** Film, die gesell**ige** Runde, die höll**ische** Hitze, ein süß**licher** Geschmack, das spött**ische** Gesicht, eine mad**ige** Birne, ein fürst**liches** Mahl, das well**ige** Haar, eine günst**ige** Gelegenheit, mein franzö**sischer** Brieffreund

Seite 64/65

ÜBUNG 15

Eide**chs**e, Bü**chs**e, Ko**ks**, O**chs**e, Gewä**chs**haus, A**chs**e, He**x**en, Fla**chs**, flu**gs** (fix), Bienenwa**chs**, Ke**ks**e, Fü**chs**e, La**chs**, hinterrü**cks**, Le**x**ikon

Fremdwörter

Seite 67

ÜBUNG 1

Philosoph, triumphalen, Phon, Strophen, Saphir, physikalische

ÜBUNG 2

1. Chamäleon, 2. Champagner, 3. Chance, 4. Chaos, 5. Charakter, 6. charmant, 7. Chauffeur, 8. Chef, 9. Chemie, 10. Chip, 11. Chlor, 12. Cholera, 13. Chor, 14. Choral, 15. Chrom, 16. Chronik

Seite 69

ÜBUNG 3

Bedeutung ausgewählter Fremdwörter:

aktuell = zeitnah; Akt = Abschnitt eines Theaterstücks; Komik = erheiternde Wirkung; Mimik = Gesichtsausdruck; Gestik = Ausdruck durch Körpersprache; perfekt = vollkommen; Redakteur = Schriftleiter; Tragik = erschütterndes Schicksal; Infekt = Ansteckung; Aktie = Anteilsschein an einem Unternehmen; defekt = schadhaft; Dialekt = Mundart; Faktum = Sachverhalt, Tatsache; Faktor = mitbestimmende Ursache, Zahl; Grammatik = Lehre vom Sprachbau; Lektion = Unterrichtsabschnitt; Hektik = übersteigerte Betriebsamkeit; Effekt = Ergebnis; Nektar = süßer Blütensaft; Klinik = Krankenhaus; Logik = Lehre von den Denkgesetzen; Oktave = Tonschritt über acht Töne; Optik = Lehre vom Licht; Sektor = Abschnitt, Bereich; Takt = Zeitmaß, angemessene Verhaltensweise; Traktor = (landwirtschaftliche) Zug-

maschine; Pakt = (militärisches) Bündnis, Vertrag
(Manche Begriffe sind mehrdeutig. Genaueres findest du im Lexikon oder in einem Rechtschreibwörterbuch.)

Seite 71
ÜBUNG 5
Vorschläge: Das **Experiment** ist ein Versuch. Mit seiner Hilfe soll eine Annahme oder eine Gesetzmäßigkeit bewiesen werden.
Das **Taxi** ist ein Mietauto. Die Mietgebühren richten sich in der Regel nach der Länge der gefahrenen Strecke.
Der **Märtyrer** ist ein Mensch, der wegen seines Glaubens oder seiner Überzeugungen verfolgt wird.
Das **Symbol** ist ein Erkennungszeichen, das stellvertretend für eine andere Sache oder einen anderen Sachverhalt steht.
Die **Synagoge** ist das Gotteshaus der Juden.
Der **Ventilator** ist ein Gerät zur künstlichen Erzeugung von Luftbewegungen. Er wird unter anderem zur Kühlung eingesetzt.
Der **Rivale** ist ein Nebenbuhler oder auch ein Konkurrent.
ÜBUNG 6
Quecksilber, Quittung, Quadrat, Qualität, Quartal, Quartier, Qual, Qualle, Quader, Quantität/Quantum, Quarz, Quiz, Quotient

Seite 75
ÜBUNG 7
Politik und Geschichte: Antike, Demokratie, Diktatur, Pakt, Parlament, Präsident, Reformation, Republik, Revolution, Sozialismus
Technik: Apparat, Computer, Fabrikation, Ingenieur, Konstruktion, Maschine, Montage, Patent, Technologie, Ventil
Musik: Duett, Kanon, Komponist, Musical, Note, Oper, Operette, Orchester, Sinfonie, Sonate
Mathematik: Addition, Dividend, Division, Faktor, Multiplikation, Parallele, Proportion, Subtraktion, Summand, Summe
Medizin: Äther, Ambulanz, Apotheke Attest, Chirurg, Hospital, Internist, Medikament, Rezept, Sanitäter

Silbentrennung

Seite 76
ÜBUNG 1
Silbentrennung: Stu-be, Hö-he, kau-en, has-sen, glot-zen, Strümp-fe, La-de-ram-pe, Press-luft-boh-rer, ver-wal-ten, Er-in-ne-rung

Seite 78
ÜBUNG 2
1. Ga-bel, Mo-sel, le-ben, fau-lig
2. Kur-ve, ver-ges-sen, Karp-fen, Glat-ze, Be-fes-ti-gung, Eis-tanz
3. Gei-er, ver-hau-en, an-feu-ern, sau-er
4. Haus-wirt, Le-ber-wurst, kost-bar, wet-ter-fest
5. Ei-sen, Au-ge, ver-äu-ßern, e-del, A-bend
6. Bä-cker, Le-cker-bis-sen, er-schre-cken, flo-ckig
7. Grö-ße, er-schie-ßen, mä-ßig, ge-frä-ßig

Seite 79
Übung 3
1. Ka-bel, glü-hen, Mö-we, ru-fen, se-hen, Stä-be
2. Glat-ze, hal-ten, Hop-fen, Mes-ser, Mus-ter, Run-de
3. er-neu-ern, hau-en, kau-en, lau-ern, Lei-er, sau-er
4. Bau-werk, Ein-topf, ess-bar, Fahr-bahn-rand, Holz-haus, Mond-schein
5. A-si-en, äu-ßern, Au-to, Ei-mer, ei-sig, Eu-ter
6. Bä-cker, Brü-cke, lo-cken, Rü-cken, Schne-cke, wa-cker

7. bü-ßen, Fü-ße, gie-ßen, lie-ßen, Ma-ße, rei-ßen

Groß oder klein?

Seite 84/85

ÜBUNG 1

rechnen – beim (bei dem) **R**echnen; zum (zu dem) **B**aden – **b**aden; ein **H**och – **h**och; in der **F**erne – von **f**erne; **s**chlafend – der **S**chlafende; den **V**erletzten – der **v**erletzte Arm *(Artikel gehört zu Arm)*; die **S**echs, das **S**ie, im (in dem) **N**u, dein **N**ein

Seite 88

ÜBUNG 2

Begräbnis, Einleitung, Dunkelheit, Einigkeit, Heiligtum, Geschicklichkeit, Bedrängnis, Einbildung, Gelegenheit
(Bei einzelnen Sätzen sind auch andere Lösungen denkbar.)

Seite 91

ÜBUNG 4

aufs Beste/aufs beste, aufs Eindringlichste/aufs eindringlichste, fürs Erste, aufs Gleiche, im Mindesten, im Ganzen, im Guten

Seite 92

ÜBUNG 5

übermorgen, heute, am Samstagabend, werktags, heute Morgen, gestern Abend, morgen Nachmittag

Seite 97

ÜBUNG 6

die Burgundische Pforte *(erdkundlicher Eigenname, groß)*
die burgundischen Weine *(kein Eigenname)*
der Deutsche Fußballbund *(Eigenname)*
die deutschen Touristen *(kein Eigenname)*
die Tschechische Republik *(Eigenname)*
die tschechischen Glaswaren *(kein Eigenname)*
die Frankfurter Jugendlichen, die Berliner Verkehrsbetriebe, der Straßburger Wurstsalat, die Nürnberger Marktfrauen
(Hier ist es gleichgültig, ob es sich um Eigennamen handelt. Geographische Begriffe auf -er sind grundsätzlich großzuschreiben.)
die Christlich-Demokratische Union, die Freie Demokratische Partei, der „Rote Ochse", der „Kölner Stadt-Anzeiger", die „Kölnische Rundschau", das Stück „Die Räuber", das Lied „Ich bin nur ein armer Wandergesell"
(Hier handelt es sich ausschließlich um Eigennamen, die etwas Einmaliges, Unverwechselbares bezeichnen. Den „Roten Ochsen" z. B. gibts nur einmal in der Stadt.)
Beachte: Auch die Titel von Gedichten, Liedern, Romanen, Sachbüchern usw. sind Eigennamen. Der Anfang wird großgeschrieben: „**E**in Kampf um Rom".

Seite 99

DIKTAT 17

Die Anredefürwörter (2. Person!) werden kleingeschrieben: dir, du, deine
Selbstverständlich gilt das auch für die übrigen Pronomen: ich, wir, mein, unser …

Seite 99

ÜBUNG 7

Anredefürwörter groß: Sie, Ihre, Ihnen
andere Pronomen klein: ich, unsere

Seite 101

ÜBUNG 8

manches, alles, der eine – der andere, das meiste, ein paar, ein Paar, ein bisschen, ein wenig

Getrennt oder zusammen?

Seite 106
ÜBUNG 1
Ski laufen, Baketballspielen, Hof halten, hoch springen, rundgehen, liegen lassen, Sitzenbleiben
getrennt schreiben, verloren gegangen, klebrig nass, honigsüß, männlich frisch

Seite 108
ÜBUNG 2
notlanden, Not leiden, vollbringen, voll laufen, zusammenreißen
Halt machen, teilnehmen, sonnenklar, angenehm warm, irgendwo, irgendjemand, gar nichts

Punkt, Fragezeichen, Ausrufezeichen

Seite 112
ÜBUNG 1
Punkt, Fragezeichen, Ausrufezeichen, Fragezeichen, Punkt, Ausrufezeichen, Punkt *(indirekter Fragesatz)*, Fragezeichen, Ausrufezeichen

Das Komma

Seite 115
ÜBUNG 1
Tante Jutta**,** Onkel Hans**,** Herr und Frau Müller
ein Roggenmischbrot**,** zwei Pfund Vollkornbrot in Scheiben**,** ein Pariser Brot**,** zwanzig Tafelbrötchen und acht Laugenbrezeln
lange ausschlafen**,** ausgiebig frühstücken**,** im Hopfensee baden und vielleicht zu den bayerischen Königsschlössern wandern
angenehme wohlige Wärme – angenehme**,** wohlige Wärme *(Beide Schreibungen sind denkbar. Entweder: Der Gesamtbegriff* „wohlige Wärme“ *wird durch die Beifügung* „angenehme“ *näher bestimmt* = **kein Komma.** *Oder die Bedeutung ist so:* „angenehme (**und**) wohlige Wärme“ = **Komma**)
das herrlich gelegene efeubewachsene Haus *(Gesamtbegriff mit Beifügung)*
lange gesuchter Indianerstamm
teuer bezahlte Armbanduhr
mächtige alte Eiche

Seite 118
ÜBUNG 2
Nebensätze (jeweils verkürzt):
Während wir –
Als Cäsar –
Seit ich –
dass Sie zufrieden sind –
wie er seine Feinde –
obwohl sie bereits

Seite 122
ÜBUNG 4
Ehe der Hahn kräht**,** … *(Konjunktionalsatz)*
… das Buch**,** das du dir … wünschst *(Relativsatz)*
… sagen**,** wo es nach Neudorf geht? *(indirekter Fragesatz)*
Belügst du mich**,** so … *(uneingeleiteter Nebensatz)*
Ich weiß nicht**,** wann … *(indirekter Fragesatz)*
Das Haus**,** in dem der Mord geschehen war**,** wurde … *(eingeschobener Relativsatz)*
Soviel ich weiß**,** … *(Konjunktionalsatz)*
Könnte ich fliegen**,** … *(uneingeleiteter Nebensatz)*
Ich weiß nicht**,** was … *(indirekter Fragesatz)*
… der einzige Freund**,** mit dem … *(Relativsatz)*
… an Deck**,** als … *(Konjunktionalsatz)*
… ein Millionär**,** würde ich … *(uneingeleiteter Nebensatz)*

Seite 125

ÜBUNG 5

Wage es(,) nicht(,) zu antworten! *(Satz ist ohne Komma doppeldeutig.)*
Wir hoffen(,) täglich(,) von dir einen Brief zu bekommen. *(doppeldeutig)*
Wir ziehen **es** vor, unsere Bestellung an eine andere Firma zu richten. *(hinweisendes Wort)*
Hast du schon **daran** gedacht, die Polizei zu benachrichtigen? *(hinweisendes Wort)*
Meine Mutter bat mich(,) in dem Einkaufszentrum(,) ein Brot zu kaufen. *(doppeldeutig)*

Seite 127

Diktat 21

1. Absatz: Apposition – Relativsatz – (erweitertes Partizip) – indirekter Fragesatz – Aufzählung – temporaler Nebensatz – Aufzählung
2. Absatz: (erweiterter Infinitiv) – entgegensetzende Konjunktion – erweitertes Partizip, nachgestellte nähere Bestimmung – indirekte Rede
3. Absatz: eingeschlossener Relativsatz – Ausruf – Apposition – konditionaler Nebensatz
4. Absatz: (erweiterter Infinitiv) – (erweitertes Partizip) – kausaler Nebensatz

Seite 129

ÜBUNG 6

Die Übungssätze im zweiten Block entsprechen der Regel 1, die im dritten Block gehören zur Regel 2. Im ersten kurzen Block stehen Übungssätze mit nur *einem* Nebensatz. Die Konjunktionen *und* und *oder* verbinden dabei Teile des Nebensatzes.

Seite 130

ÜBUNG 7

Die Pfadfinder … *(kein Komma vor „und", weil zwei Nebensätze gleichen Grades)*
Karl … *(kein Komma: zwei selbstständige Hauptsätze verbunden durch „und")*
Sport *(kein Komma, zwei Nebensätze)*
Garten *(kein Komma, zwei Hauptsätze)*
Haus *(kein Komma, zwei Nebensätze)*
Turnschuhe *(kein Komma, zwei Hauptsätze. Das gilt auch, wenn diese – wie hier – Fragesätze oder Aufforderungssätze sind.)*

Seite 131

ÜBUNG 8

… bettet**,** so …/ … an**,** wenn …/ mich**,** so …/
… Buch**,** das ich gekauft habe**,** ist …/ … singt**,** da …/
… raten**,** Ihnen … oder … Ihnen**,** das …/
… essen**,** wenn …/
Liebe Julia**,** ich …/ … gescheit**,** aber … /
… Würzburg**,** sondern …/ … Wohnung**,** günstig gelegen und geräumig**,** für …/
Sebastian**,** der Junge von nebenan**,** hat …/
… Briefmarken**,** Münzen**,** Telefonkarten …/
… auf**,** traf …

Die Anführungszeichen

Seite 138

ÜBUNG 1

Der Matrose schrie aufgeregt**:** **„**Mann über Bord**!“**

Der Angestellte fragte**:** **„**Möchtest du den ganzen Betrag auf dein Sparbuch einzahlen**?“**

„Kann ich Sie kurz sprechen**?“**, fragte die Abteilungsleiterin.

„Wenn ihr mit euren Aufgaben fertig seid**“,** sagte der Lehrer**,** **„**dann könnt ihr heimgehen**.“**

„Soll ich euch morgen Waffeln backen**“,** fragte Tante Johanna**,** **„**oder lieber Pfannkuchen**?“**

„Ich habe die Brieftasche nicht gestohlen**“,** klagte der Verhaftete.

Der Bindestrich

Seite 143

ÜBUNG 1

Ein- und Ausgänge, Rot- und Weißweine, Boden- und Geräteturnen, Zeitungs- und Zeitschriftenhandel

drei- oder viermal, tier- und pflanzenreich, lind-, moos- und flaschengrün

hin- und herlaufen, ein- und auszuspannen

H-Milch, Kfz-Steuer, SO_2-haltige Abgase

Ost-West-Verbindungen, Trimm-dich-Pfad, 4-jährige, 20-Pfennig-Marke

Der Text dieses Buches entspricht den Regeln der neuen deutschen Rechtschreibung.

ISBN 3-572-01459-X

Umschlaggestaltung: Büro Norbert Pautner, München
Redaktion: Gabi Neumayer, Köln
Koordination: Winfried Schindler
Redaktion dieser Ausgabe: Dr. Iris Hahner
Herstellung: JUNG MEDIENPARTNER, Niedernhausen
Zeichnungen: Jovica Savin, Frankfurt am Main
Fotos: AKG, Berlin: 26, 39 o., 55, 63; **Bundesverband der Edelstein- und Diamantenindustrie e.V.,** Idar-Oberstein: 71; **dpa,** Frankfurt am Main: Kleefeldt (60), Ossinger (72), Weitzel (102), ZB (39 u.); **FALKEN Archiv:** W. Feiler (105), A. Krause (36), S. Layda (91, 128), T. Pehle (61), Pool Ges./Hogen u. Zöltsch: (87), A. Ruske (112), TLC (119); **Hafen Hamburg:** 5, 29, 30 u.; **IBM Deutschland GmbH,** Stuttgart: 67, 113; **Keystone Pressedienst,** Hamburg: 21 o., 74, 139; **R. Kiedrowski/**Foto: G. Koshofer, Ratingen: 96; **Ulrich Niehoff,** Bienenbüttel: 42, 99, 103, 118; **Reinhard-Tierfoto,** Heiligkreuzsteinach-Eiterbach: 34, 64, 65, 95, 114, 115; **H.P. Schwarz,** Idstein: 62, 70, 101, 135; **Silvestris Fotoservice,** Kastl/Obb.: S. Rausch (89), K. Wernicke (92); **Wasser- und Schifffahrtsamt Cuxhaven:** 30 o.

Satz: Raasch & Partner GmbH, Neu-Isenburg
Druck: Těšínská Tiskárna, Český Těšín

Printed in Czech Republic

817 2535 4453 6271